常陸国風土記

全訳注　秋本吉徳

JN263453

講談社学術文庫

まえがき

和銅三（七一〇）年に都が大和平野北端の平城京《へいじょう》に遷《うつ》されてから三年後、『古事記』の成った翌年にあたる和銅六年五月二日、一つの詔《みことのり》が下された。

畿内《きない》七道諸国。郡郷の名に好字を著《つ》けよ。其の郡内に生ずる所の銀銅彩色草木禽獣《きんじゅう》魚虫等の物、具《つぶ》さに色目を録《しる》し、及《また》土地沃塉、山川原野の名号の所由、又古老相伝ふる旧聞異事、史籍に載《の》せて言上せよ。

（『続日本紀《しょくにほんぎ》』原文は漢文）

これが世にいわれる『風土記《ふどき》』撰進の詔であり、この詔を承《う》けて、さっそく各国毎《ごと》に『風土記』の編纂《へんさん》が行われたことと思われる。ところが不幸なことに、それらの『風土記』のうち今日にまでその姿を留め得たものは、わずかに五ヵ国にすぎない。ここに採り上げた『常《ひた》陸国《ちのくに》風土記』は、その五ヵ国のうちの一つである。

さて『風土記』は、先掲《せんけい》の撰進の詔をみてもわかるように、本来、その五つの要求事項に対して各国が回答するように命じられて書かれた解文《げぶみ》（報告文書）であった。したがって、もともと文学的意図をもって書かれたいわゆる文学作品とは、よほど趣を異《こと》にしている。にもかかわらず、今日『風土記』が日本古代文学また古代史研究の上で貴重な価値を認められていたのは、それが、ほぼ同時期に編まれた『古事記』や『日本書紀』のように、明確な政治的意図をもって〈国家神話〉として再構成されたものではなく、在地に生きる古代の人々の、生きた神話や伝説、また習俗・社会などのありさまが、断片的ながらも窺《うかが》えるからに他《ほか》ならない。言うならば、編述にあたった律令官人《りつりょうかんじん》が、それと意識せずに書き留めていた数数の伝承が、実はまことに貴重な資料であったのである。

筑波山での歌垣《うたがき》の行事とその時の歌謡、夜刀《やと》の神をめぐる〈カミ〉と〈ヒト〉との物語、哺時《くれ》臥山《ふし》にあった神蛇の伝説など、『常陸国風土記』は、他国風土記同様、興味深い内容を豊富に持った貴重な文献である。と同時に、筆録にあたった人物の、並々ならぬ漢文素養の深さが、その文章表現のあちこちに見えている点も見逃がせないところである。

本書は、そうした日本古代の人々の、生きた姿を少しでも明らかにしようと努めたものである。

秋本吉徳

目次

本書は、一九七九年に学術文庫に収録された
『風土記(一)——常陸国風土記』の新装版です。

凡例

一、本書には『常陸国風土記』を収める。ただし逸文は除外した。

一、『風土記』の原文は全文漢文体（いわゆる変体漢文体をも含む）で書かれており、そのすべてを訓読すべきであるかについてはなお考究すべき点も多いが、本書においては、便宜上、また読解の便を考えて、可能な限り訓読するよう努め、訓み下し文を本文として掲げた。

1 訓み下し文は歴史的かなづかいに統一した。

1 原文の中で、小字あるいは二行割注の形で記されているものは、便宜上、本文より小さい活字を用いて、一行書きに改めた。

1 読解の便を考えて、適宜ふりがなを付した。

1 訓み下し文の作成にあたっては、岩波文庫本『風土記』（武田祐吉校注）、日本古典文学大系本『風土記』（秋本吉郎校注・岩波書店刊）、日本古典全書本『風土記』（久松潜一校注・朝日新聞社刊）、『茨城県史料・古代篇』所収の『常陸国風土記』（飯田瑞穂校訂）などの校訂原文ならびに訓み下し文に負う所が大きかった。

一、本文を適宜章段に区切り、各段ごとに小見出しを付した上、〈現代語訳〉〈注〉および〈解説〉を記した。

1　〈現代語訳〉は新かなづかいに統一し、つとめて平易なことば・漢字を用いるよう心がけた。ただし、地名の語源とかかわるなどの理由で、歴史的かなづかいを用いた場合もある。

1　現代語訳作成にあたっては、東洋文庫本『風土記』（吉野裕訳・平凡社刊）などを参考とした。

1　『風土記』は、現代語訳だけでは十分に理解できない点も多いと思われるので、神・人名の説明、難解語句の語釈、地理的説明（遺称地など）を中心とする〈注〉を設けた。

1　〈解説〉では、読解の助け、また参考となるよう、当時の風俗習慣・儀礼などについて触れたほか、風土記記事の鑑賞も加えた。

1　〈注〉また〈解説〉の中で引用した諸本のうち、比較的引用の多かったものについては、次のような略称を用いた。

『記』――『古事記』（『神武記』のようにも用いた）

『紀』――『日本書紀』（『神武紀』のようにも用いた）

『続紀』――『続日本紀』
『旧事紀』――『先代旧事本紀』(『国造本紀』のようにも用いた)
『神名式』――『延喜式・神名』(『延喜式』の引用はおおむねこの方式に従った)
『和名抄』――『和名類聚抄』
『名義抄』――『類聚名義抄』
『姓氏録』――『新撰姓氏録』

☆　☆　☆

『大系』――日本古典文学大系『風土記』
『全書』――日本古典全書『風土記』
『鑑賞日本古典文学』――『鑑賞日本古典文学・日本書紀・風土記』(岡田精司・西宮一民、角川書店刊)
『東洋文庫』――東洋文庫本『風土記』
『時代別大辞典』――『時代別国語大辞典・上代篇』(三省堂刊)

一、「常陸国風土記地図」を巻末に付載した。

常陸国風土記

一　総　記

常陸《ひたち》の国の司《つかさ》、解《げ》す。古老《ふるおきな》の相伝ふる旧聞《ふること》を申《まを》す事。

国郡《くにこほり》の旧事《ふること》を問ふに、古老答へて曰《い》へらく、古《いにしへ》は、相摸《さがむ》の国足柄《あしがら》の岳坂《さか》より東《ひむがし》の諸《もろもろ》の県《あがた》、惣《す》べて我姫《あづま》の国と称《い》ひき。是《こ》の当時《とき》、常陸《ひたち》と言はず。唯《ただ》、新治《にひはり》・筑波《つくは》・茨城《うばらき》・那賀《なか》・久慈《くじ》・多珂《たか》の国と称《い》ひ、各〻《おのもおのも》造《みやつこ》・別《わけ》を遣《つか》はして検挍《をさ》めしめき。其の後、難波《なには》の長柄《ながら》の豊前《とよさき》の大宮《おほみや》に臨軒《あめのしたしら》しめしし天 皇《すめらみこと》の世《みよ》に至りて、高向臣《たかむくのおみ》・中臣幡織田連《なかとみのはたおりたのむらじ》等《ら》を遣《つかは》して、坂より東《ひむがし》の国を惣《す》べ領《し》らしむ。時に、我姫《あづま》の道を、分《わか》ちて八《やつ》の国と為《な》し、常陸《ひたち》の国は、其の一《ひとつ》に居《を》れり。

然号《しかなづ》くる所以《ゆゑ》は、往来《ゆきき》の道路《みち》、江海《かはうみ》の津済《わたり》を隔《へだ》てず、郡郷《くにこほり》の境堺《さかひ》、山河《やまかは》の峰《を》谷《たに》に相続ければ、直通《ひたみち》の義《こころ》を取りて、名《な》称と為《な》せり。或《あ》るもの曰《い》へらく、倭 武《やまとたける》の天 皇《すめらみこと》、東《あづま》の夷《えみし》の国を巡《め》狩《ぐ》りて、新治《にひはり》の県《あがた》に幸過《いでま》ししに、国造《くにのみやつこ》・毗《ひ》那《な》良《ら》珠命《すのみこと》を遣《つか》はして、新《あらた》に井を堀《ほ》らしむるに、流泉《いづみ》浄《きよ》く澄《す》み、尤《いと》好愛《うるは》しかりき。時に、乗輿《みこし》を停《とど》めて、水を翫《め》で、手《みて》を洗ひたまひしに、御衣《みけし》の袖《そで》、泉に垂《た》りて沾《ひ》ぢぬ。便《すなは》ち、袖《そで》を漬《ひた》す義《こころ》に依《よ》りて、此の国の名と為《な》せり。風俗《くにぶり》の 諺《ことわざ》に、筑波《つくは》岳《ね》に黒雲挂《かか》り、衣袖《ころもで》漬《ひたち》の国と云ふは是《これ》なり。

それ常陸《ひたち》の国は、堺《さかひ》は是《こ》れ広大《ひろ》く、地《くに》も亦《また》緬邈《はろか》にして、土壌《つち》沃墳《うる》ひ、原野《はら》肥衍《こえ》たり。墾発《ひら》きたる処《ところ》、山海の利《さち》ありて、人々自得《ゆたか》に、家々足饒《にぎは》へり。設《も》し、身を耕耘《たつく》るわざに労《いたつ》き、力を紡蚕《いとつむ》ぐわざに竭《つく》す者あらば、立即《たちどころ》に富豊《とみ》を取るべく、自然《おのづから》に貧窮《まづしさ》を免《まぬか》るべし。況《いはむ》や復《また》、塩と魚《うを》の味《あぢはひ》を求めむには、左《ひだり》は山にして右《みぎ》は海なり。桑《くは》を植《う》ゑ、麻《あさ》を種《ま》かむには、後《しりへ》は野にして前《まへ》は原《はら》なり。いはゆる水陸《うみくが》の府《ふ》臓《ざう》、物産の膏腴《かうゆ》といへるものなり。古《いにしへ》の人、常世《とこよ》の国《くに》といへるは、蓋《けだ》し疑ふらくは此の地《くに》ならむか。但《ただ》、有《あ》るところの水田《こなた》、上《かみ》は少《すくな》く、中の多きを以《も》ちて、年に霖雨《ながあめ》に遇《あ》はば、即《すなは》ち苗子《なへ》の登《みの》らざる歎《なげき》を聞き、歳《とし》に亢陽《ひでり》に逢《あ》はば、唯《ただ》穀実《みのり》の豊稔《ゆたか》なる 歓《よろこび》を見む。〔略《はぶ》かず〕

〈現代語訳〉

常陸《ひたち》の国司《くにのつかさ》の報告。古老が代々語り伝えてきた古い言い伝えの事について。

国・郡の旧事について尋ねたところ、古老の答えていうには、昔は、相摸《さがみ》の国の足柄《あしがら》の坂から東にある県《あがた》はすべて我姫《あずま》のくにと総称されていた。したがってその当時は常陸《ひたち》とはいわず、ただ新治《にいはり》・筑波《つくは》・茨城《うばらき》・那賀《なか》・久慈《くじ》・多珂《たか》の国と呼び、それぞれ造《みやつこ》・別《わけ》を派遣して検挍《おさめ》させていた。その後、難波《なにわ》の長柄《ながら》の豊前《とよさき》の大宮に天《あめ》の下《した》をお治めになられた天皇（孝徳天皇）の時代になって、高向臣《たかむくのおみ》・中臣幡織田連《なかとみのはたおりたのむらじ》達を派遣して、足柄《あしがら》の坂から東にある国ぐにを統治させた。この時、我姫《あずま》のくにを八つの国に分けたが、常陸《ひたち》の国はそのうちの一つであった。

　このように国名を常陸《ひたち》と名づけたわけは、人々が往来する道が湖や海の渡し場によって隔てられてはおらず、郡や郷の境界が山から河へ、峰から谷へと、次々に続いているので、直《ひた》通《みち》、すなわち陸路だけで往来できるという意味をとって、国の名称としたという。また一説には、次のようにも言う。昔、倭武《やまとたける》の天皇が東国の異族の国を巡察されたとき、新治《にいはり》の県《あがた》を行幸された。その時、国造《くにのみやっこ》であった毗那良珠命《ひならすのみこと》を遣《つか》わして、新たに井戸をお掘らせになったところ、流れ出た泉は清らかに澄んでいて、たいそうすばらしいものであった。そこで、乗り物をお停《と》めになって水を賞美しながら手をお洗いになったところ、お着物の袖《そで》が泉に垂《た》れてぬれてしまった。それによって、「袖《そで》を漬《ひた》す」ということばをとって、この国の名称としたのであると。その土地の人々が言い伝えてきた言いならわしに、「筑波《つくは》岳《ね》に黒雲《くろくも》挂《かか》り、衣袖漬《ころもでひたち》の国」というのは、このことである。

　そもそも常陸《ひたち》の国は、その領域はきわめて広大で、他国との境界もはるかに遠く、耕地という耕地はすべてよく肥えており、未開墾の原野も耕地に劣らず豊かである。開墾された土地と山海の幸《さち》とに恵まれて、人々は心やすらかで満ち足りていて、家々は富裕でにぎわっている。もし農耕に従事してその仕事に励むものがあれば、その人はたちまちのうちに多くの富を手に入れることができ、また養蚕《ようさん》に力を尽くすものがあれば、その人はひとりでに貧しさから逃れることができる。あえて言うまでもないが、塩や魚など山海の珍味が欲しいときには、左は山で右は海である。桑《くわ》を植《う》え麻《あさ》を蒔《ま》こうと思えば、後ろは野で前は原であり、なんでも思いのままである。言うならば、ここは海山の産物ゆたかな宝庫であり、膏《あぶら》のしたたるような物産の楽園である。昔の人が「常世《とこよ》の国」と呼んだ神仙境は、もしやこの地のことではないかとさえ疑われる。ただ残念ながらこの国の水田は、全体として地味《ちみ》が上級のものは少なく、中級のものが多い。だから一年のうちに長雨が続いたときには、たちまち稲の苗が成熟しないという嘆きがある。が、一年のうち好天に恵まれ陽照《ひで》りのよいときには、ただただ豊作の歓喜をみることであろう。〔省略しない〕

〈注〉

○**解《げ》す**　報告の意。律令《りつりょう》制下に下級官庁から所管上級官庁に提出する報告文書（公文《くもん》書）を「解文《げぶみ》」といった。ここでは、常陸《ひたち》国庁から太政官《だいじょうかん》（また民部省）に提出されたもの。

○**古老《ふるおきな》の相伝ふる旧聞《ふること》**　和銅六（七一三）年に出された風土《ふど》記撰進の詔《みことのり》のうち、第五項にある「古老相伝旧聞異事」を承《う》けていると考えられる。

○**県《あがた》**　大化《たいか》以前の地方制度で、国造《くにのみやつこ》所領の国を指す。

○**我姫《あづま》の国**　『記《き》』『紀《き》』の所伝によれば、ヤマトタケルが弟橘媛《おとたちばなひめ》をしのんで「あづまはや」と言ったことから、「あづま」の呼称が生まれたという。なお、東国《あずまのくに》が具体的にどの範囲をさすかは文献により異同が多い。

○**造《みやつこ》・別《わけ》**　ここにいう造《みやつこ》は、地方の土着豪族で、地方の国を領有支配していた国造《くにのみやつこ》をさす。また別《わけ》は、天皇（家）に直属し地方に派遣され統治を命じられたものをいう。

○**難波《なには》の長柄《ながら》の豊前《とよさき》の大宮《おほみや》に臨軒《あめのしたしら》しめしし天皇《すめらみこと》の世《みよ》**　孝徳天皇の時代（六四五～六五四）。以下の一文は、大化改新により律令《りつりよう》制が導入され、国郡制が始められたことをいう。

○**八《やつ》の国**　『孝徳紀』大化二（六四六）年の条にいう東方八道の諸国、すなわち、相模《さがみ》・武蔵《むさし》・上総《かずさ》・下総《しもうさ》・上《かみ》（毛《つ》）野《け》・下毛野《しもつけ》・常陸《ひたち》・陸奥《みちのく》の八国。

○**江海《かはうみ》の津済《わたり》**　江は淡水海（湖）の意。津済《わたり》は渡船場のこと。

○**直通《ひたみち》**　原文「近通」とあるが、文意から考えて「直通」とする。

○**倭武《やまとたける》の天皇《すめらみこと》**　景行天皇と吉備《きび》の伊奈毗能若郎女《いなびのわきいらつめ》との間に生まれた皇子。小碓命《おうすのみこと》とも呼ばれる。「倭建命」（『記』）・「日本武尊」（『紀』）とも表記されるが、ヤマトタケルの名は、クマソタケルより奉られた称号である。「倭武天皇」の称は、『紀』によって歴代天皇が確定する以前の通称によったものという。

○**毗那良珠命《ひならすのみこと》**　『国造本紀《くにのみやつこほんぎ》』新治国造《にいはりくにのみやつこ》の条に、成務天皇の時代に天穂日命《あめのほひのみこと》の子孫である美《み》都呂伎命《つろきのみこと》の子・比奈羅布命《ひならふのみこと》を国造《くにのみやつこ》に定めたとある。時代は相違するが同人であろう。

○**新《あら》たに井を堀《ほ》らしむ**　新治《にいはり》郡の地名起源説明にいう井と同じ。井を掘ることは、国をひらくことと密接にかかわっている。

○風俗《くにぶり》の諺《ことわざ》　その土地で伝承されてきた言いならわし。多くは韻律を持ち、枕詞《まくらことば》とも密接なかかわりを持つと考えられる。ここは国号を唱える際の称辞か。

○筑波《つくは》岳に黒雲挂《かか》り衣袖《ころもで》漬《ひたち》の国　筑波山の峰《ね》に雨雲がかかり、雨が降ってきて袖をぬらす、とつながる。

○水陸《うみくが》の府臓《ふざう》、物産の膏腴《かうゆ》　「水陸之物産《すいりくのぶつさん》、膏腴之府臓《かうゆのふざう》」とあるべきを、修辞の上から二分したもの。府臓は蔵《くら》の意。膏腴は地味が肥えて穀物などが十分にできる土地の意。

○常世《とこよ》の国《くに》　不老不死の理想郷。古代人が描いた想像上の世界で、海の彼方にあると考えられていた。ここでは大陸の神仙境のイメージにより強く影響されているようである。

○上《かみ》は少《すく》く、中の多き　水田の地味《ちみ》の肥沃の状態を上・中・下に三分したうちの上と中の意。なお水田の等級分類は『播磨国《はりまのくに》風土記』に詳しい記載がある。

○歎《なげき》　原文「難」とあるが、下文の「歓」と対をなすと考えられるので、「歎」とする。

○亢陽《ひでり》　好天気に恵まれる意。旱魃《かんばつ》をさすものではない。

○略《はぶ》かず　当国風土記成立後、抄略本が作られた時の注記か。(現在伝わるものはすべてこの抄略本である)　原本のままで省略していない、の意。

〈解説〉

本書の総記に相当する部分で、常陸《ひたち》の国の沿革、「常陸《ひたち》」という国名の由来、国の地理的また経済的環境、の三点について述べている。

　国名の由来については、「直通《ひたみち》」の音転とする説と、「（袖を）漬《ひた》す」の音転とする説とを併記しているが、後者をヤマトタケルの事績として語る点に注意したい。本書では、ヤマトタケルのいわゆる東征伝承と関連づけて地名の起源を語るところが数多く見られるが、古代の人々の伝承世界においては、その地の名を与えた人は誰でもよかったのではなかった。土地の命名者は、命名するにふさわしい人が選ばれていたのであり、当国においては、それがヤマトタケルであると考えられていたのである。

　また本書は、他国風土記と比較しても、六朝《りくちょう》の四六《しろく》駢儷《べんれい》体の手法に学んだ文章の修辞の傾向が著しく、本書執筆者の漢文学に対する教養の高さがしのばれるが、特に、第三段落で地理的経済的環境を述べた部分は、対句や漢籍に見られる用語の多用などにより、すばらしい文章となっている。いま、原文を挙げて、その雰囲気の一端を味わってみよう。

「夫常陸国者、堺是広大、地亦緬邈、土地沃墳、原野肥衍、墾発之処、山海之利、人々自得、家々足饒、設有身労耕耘、力竭紡蚕者、立即可取富豊、自然応免貧窮、況復求塩魚味、左山右海、植桑種麻、後野前原、所謂水陸之府臓、物産之膏腴、古人曰常世国、蓋疑此地（以下略）」

（小島憲之氏「風土記の述作」『上代日本文学と中国文学・上』にならって対句部分を二行に並べて書いた）

　こうしたいわば文人趣味的とも言える傾向は、ただ文章表現の上だけではなく、記された内容にまで及んでいるところに、本書の大きな特色があるといえよう。

二　新治《にひはり》郡

新治《にひはり》の郡《こほり》。東は那賀《なか》の郡の堺なる大き山、南は白壁《しらかべ》の郡、西は毛野《けぬの》河、北は下野《しもつけの》と常陸と二つの国の堺にして、即《すなは》ち波太《はた》の岡なり。

古老の曰《い》へらく、昔、美麻貴《みまき》の天皇《すめらみこと》の馭宇《あめのしたしら》しめしし世《みよ》、東《あづま》の夷《えみし》の荒《あら》ぶる賊《あた》、俗《くにひと》、阿良夫流爾斯母乃《あらぶるにしもの》といふ。を平討《ことむ》けむとして、新治《にひはり》の国造《くにのみやつこ》が祖《おや》、名は比奈良珠《ひならすの》命といふを遣《つか》はしき。此の人罷《まか》り到りて、即ち新《あらた》しき井を穿《ほ》りしに今も新治の里に存《あ》り。時に随《したが》ひて祭《まつり》を致す。其の水浄《きよ》く流れき。仍《すなは》ち、井を治《は》りしを以《も》ちて、因《よ》りて郡の号に着《つ》く。爾《それ》より今に至るまで、其の名を改めず。風俗《くにぶり》の諺《ことわざ》に、白遠《しらとほふ》新治《にひはり》の国といふ。〔以下略《はぶ》く〕

郡より以東《ひむがし》五十里に、笠間《かさま》の村在《あ》り。越え通ふ道路《みち》を、葦穂山《あしほのやま》と称《い》ふ。古老の曰《い》へらく、古《いにしへ》、山賊《やまだち》有り、名を油置売命《あぶらおきめのみこと》と称《い》ふ。今、社《もり》の中に石屋《いはや》在《あ》り。俗《くにひと》の歌に曰《い》はく、

言痛《こちた》けば　小泊瀬山《をはつせやま》の　石城《いはき》にも　率《ゐ》て籠《こも》らなむ　勿恋《なこ》ひそ我妹《わぎも》　〔已下略《はぶ》く〕

〈現代語訳〉

新治《にいはり》の郡《こおり》。東は那賀《なか》の郡との堺をなしている大きな山。南は白壁《しらかべ》の郡。西は毛野《けぬ》の河。北は下野《しもつけの》・常陸両国の国界《くにざかい》で、（それは）すなわち波太《はた》の岡である。

古老は次のように言っている。――昔、美麻貴《みまき》の天皇（崇神《すじん》天皇）が天下をお治めになっておられた時代に、東方の夷《えみし》の狂暴な賊土地の人は、これを「あらぶるにしもの」という。を討伐しようとして、新治の国 造《くにのみやつこ》の祖先で名前を比奈良珠《ひならす》命という人を（都から）派遣した。この人が（東《あずま》に）やってきて、新たに井戸を掘ったところ、（その井戸は）今も新治の里《さと》にある。時節に応じて祭をする。その水が浄《きよ》らかに流れ出た。そこで、（新たに）井戸を治《は》りひらいたことをもって、郡の名前として付けたのである。それ以来現在に至るまで、その名を改めていないと。その土地の人々が言い伝えてきた言いならわしに、「白遠新治《しらとほふにひはり》の国」と言う。〔以下は省略する〕

郡衙《ぐんが》から東方五十里のところに、笠間《かさま》の村がある。（郡衙からこの村に）越えて行く道を、葦穂《あしほの》山という。古老のいうことには、昔、（ここに）山賊がいた。名を油置売《あぶらおきめの》命というと。

今も（この）社《もり》の中に（この山賊の住んでいた）石室がある。土地の人々の歌にいう、

言痛《こちた》けば　小泊瀬山《をはつせやま》の　石城《いはき》にも　率《ゐ》て籠《こも》らなむ　勿恋《なこ》ひそ我妹《わぎも》

（二人のことが人の噂になって、あまりひどくなったら、おはつせ山の石室にでもあなたを連れていっていっしょにこもりましょう。だから、そんなに私のことを恋いこがれないで下さい。いとしい人よ）　〔以下は省略する〕

〈注〉

○**新治**《にひはり》**の郡**《こほり》　旧常陸国の最西部、現西茨城郡西部から真壁郡北西部に相当する地域を指す。現在の新治郡と共通性はない。『和名抄《わみようしよう》』郡名部に「新治爾比波里」とあり、同書には十二の郷名が見えている。

○**東は**　以下各郡の冒頭にその郡の四至を明記するのは、当国風土記の一つの特色である。

○**毛野**《けぬの》**河**　現鬼怒《きぬ》川。○**爾斯母乃**《にしもの》　悪賊の意。エセモノ（悪徒）、エミシモノ（夷者）などの訛音かとも説かれているが、その語義は未詳。

○**平討**《ことむ》**けむ**　本来はことばによって服従させる意。

○**比奈良珠**《ひならすの》**命**　総記に、新治国造として既出。

○**白遠新治**《しらとほふにひはり》**の国**　「しらとほふ」は新治の称辞であろう。『万葉集』巻十四・東歌に「志良登《しらと》保布小新田山《ほふをにひたやま》の守《も》る山の末枯《うらが》れ為《せ》なな常葉《とこは》にもがも」（三四三六）とあり、これらから推すと、「しらとほふ」は「にひ（新）」にかかる枕詞か。なお「白遠」は「しらとほ」である可能性もあり、今日、その語義またかかり方とも未詳。

○**以下略《はぶ》く**　当国風土記成立後、抄略本が作られた時の注記。原本を省略した旨の記述である。

○**郡**　郡衙《ぐんが》、すなわち郡の行政官庁を指す。当国風土記では、郡衙を起点として各地点の位置を記すのを原則としている。当郡郡衙は現真壁郡の旧新治村付近にあったという。昭和十八年その郡衙遺跡が発掘され、郡衙のありさまが知られたのは貴重である。

○**笠間《かさま》の村**　現西茨城郡笠間町が遺称地。

○**葦穂山《あしほのやま》**　現足尾山。『万葉集』にも「安《あ》之《し》保《ほ》夜麻《やま》」とある。（巻十四・三三九一・常陸国歌）

○**油置売命《あぶらおきめのみこと》**　山賊の女の主長の名か。

○**石屋《いはや》**　岩窟、また石窟の意。石城も同意であろう。また、古墳などの陵墓を意味するとする説もある。

○**言痛《こちた》けば**　この歌に類似する歌として『万葉集』に「事しあらば小泊瀬山《をはつせ》の石城《いはき》にも隠《こも》らば共にな思ひわが背」（巻十六・三八〇六）がある。「言痛《こちた》し」は言《こと》・痛《いた》しの約で、言《こと》は人のうわさの意。

○**小泊瀬山《をはつせやま》**　大和・信濃に同名の山がある。大和の泊瀬山は古来墳墓の地とされていたところからすると、ここは大和の山か。また、葦穂山を大和の泊瀬山に見立てたものか。

〈解説〉

「言痛けば」の歌は、今日では『万葉集』（巻十六・三八〇六）の歌（大和地方のもの）が常陸にもたらされたものと考えられている。当国風土記には九首（筑波郡の「愛しきかも」の例は除く＝後述）の歌が記されているが、そのすべてをいわゆる民謡と見ることはできない（土橋寛氏『古代歌謡論』などに詳しい）。この歌は「小泊瀬山」の語などからみて、本来、大和の泊瀬山を詠み込んだ歌としてあったとみるのが自然である。「言痛けば」の歌は『万葉集』の類歌に近い恋情を詠んだ歌であり、石屋《いはや》（石城）を詠む歌ではない点で、山賊の石屋を語ることと歌の内容との間にずれがある。おそらく本歌の石城を山賊の石屋に結びつけ、また古来陵墓地とされた大和の泊瀬山《はつせ》と、山賊の陵墓のある葦穂山《あしほ》とを重ね合わせることによって、常陸の国でも歌われるようになったものであろう。ただそれが、「俗歌」と書き記されるまでに人々の間で歌われていた点は注意すべきである。常陸において俗謡化されたために、『万葉集』の歌にみるような個性的側面が消え去っていることもまた、見逃がせない。

三　筑波郡《つくは》 (一)

筑波《つくは》の郡《こほり》。東は茨城《うばらき》の郡、南は河内《かふち》の郡、西は毛野《けぬの》河、北は筑波の岳《やま》なり。

古老《ふるおきな》の曰《い》へらく、筑波の県《あがた》は、古《いにしへ》、紀《き》の国と謂《い》ひき。美万貴《みまき》の天皇《すめらみこと》の世《みよ》、采女《うねめの》臣《おみ》の友属《ともがら》、筑簟命《つくはのみこと》を紀の国の国造《くにのみやつこ》に遣《つか》はしし時、筑簟命《つくはの》の曰《い》ひしく、「身《わ》が名をば国に着《つ》けて、後の代に流伝《つた》へしめむと欲《おも》ふ」といひて、即ち本《もと》の号《な》を改めて、更《さら》に筑波《つくは》と称《い》ふといへり。風俗《くにぶり》の説《ことば》に、握飯《にぎりいひ》筑波《つくは》の国といふ。〔以下略《はぶ》く〕

古老《ふるおきな》の曰《い》へらく、昔、神祖《みおや》の尊《みこと》、諸神《もろがみ》の処《みもと》に巡《めぐ》り行《い》でまししに、駿河《するが》の国福慈《ふじ》の岳《やま》に到りたまひて、卒《つひ》に日暮《ひのくれ》に遇《あ》ひ、寓宿《やどり》を請欲《こ》ひたまひき。此の時、福慈《ふじ》の神答《こた》へて曰《い》へらく、「新粟《わせ》の初嘗《にひなめ》して、家内諱忌《やぬちものいみ》せり。今日《けふ》の間《ほど》は、冀《ねが》はくは許《ゆる》し堪《あ》へじ」とまをしき。是《ここ》に、神祖《みおや》の尊、恨《うら》み泣きて詈告《の》りたまひしく、「即《すなは》ち汝《いまし》が親ぞ。何《な》ぞも宿《やど》さまく欲《ほ》りせぬ。汝が居《す》める山は、生涯《いき》の極《きはみ》、冬も夏も雪霜《ゆきしも》ふり、冷寒《さむさ》重襲《かさな》り、人民《ひと》登らず、飲食《をしもの》も奠《まつ》るものなけむ」とのりたまひき。

更《さら》に筑波の岳《やま》に登りまして、亦容止《またやどり》を請《こ》ひ給ひき。此の時、筑波の神答へて曰《い》へらく、「今夜《こよひ》は新粟嘗《にひなめ》すれども、敢《あ》へて尊旨《みこと》に不奉《たが》ひまつらじ」とまをしき。爰《ここ》に、飲《をし》食《もの》を設《ま》けて、敬拝《をろが》み祇承《つか》へまつりき。是《ここ》に、神祖《みおや》の尊、歓然《よろこ》びて謌《うた》ひたまひしく、

愛《は》しきかも　我《あ》が胤《みこ》　巍《たか》きかも　神宮《かむつみや》　天地《あめつち》の竝斉《むた》　日月《ひつき》と共同《とも》に　人民《たみくさ》集《つと》ひ賀《ことほ》
ぎ　飲食《みけみき》富豊《ゆたか》に　代代《よよ》に絶ゆること無く　日《ひ》に日《け》に弥栄《いやさか》え　千秋万歳《ちよよろづよ》に　遊楽《たのしび》窮《きはま》
らじ

とのりたまひき。是《ここ》を以《も》ちて、福慈《ふじ》の岳《やま》は、常に雪ふりて登臨《のぼ》ることを得ず。其《そ》の筑波の岳は、往《ゆ》き集《つど》ひ、歌ひ舞ひ、飲《さけの》み喫《ものく》ふこと、今に至るまで絶えざるなり。〔以下略《はぶ》〕

く」

〈現代語訳〉

筑波《つくは》の郡《こおり》。東は茨城《うばらき》の郡。南は河内《こうち》の郡。西は毛野《けぬ》の河。北は筑波の岳《やま》である。

古老は次のように言っている。―筑波の県《あがた》は、昔、紀《き》の国といっていた。美万貴《みまき》の天皇（崇神天皇）の治政下に、采女臣《うねめのおみ》と同族である筑箄《つくはの》命を紀の国の国造《くにのみやつこ》として遣《つか》わされたとき、この筑箄命が「私の名前をこの国の名に着《つ》けて、後のちの世まで伝えさせたいものだ」と言って、それまでの国号（紀《き》）を改めて、今度は筑波《つくは》と称したという。土地の人々が言い伝えてきた言いならわしに、「握飯《にぎりいひ》筑波《つくは》の国」と言う。〔以下は省略する〕

古老はこうも言っている。―昔、祖《みおや》の神の尊《みこと》があちこちの神々のところをお巡りになって、駿河《するが》の国の福慈《ふじ》の岳《やま》（富士山）にお着きになった時には、とうとう日没になってしまった。そこで（福慈の神に）一夜の宿《やど》りを乞《こ》われたところ、福慈の神が答えていうには、「いま新穀の収穫祭をしておりまして、家中のものが諱忌《ものいみ》をして（他人との接触を断って）おります。今日のところは申し訳ありませんがお宿は致しかねます」と申し上げた。そこで、祖《みおや》の神は恨み泣いて大声で「私はおまえの親なのだぞ。どうして（親を）泊めようとは思わないのか。それならおまえの住んでいる山は、おまえの命あるかぎり、冬でも夏でも雪や霜が降り、寒さが何度も襲《おそ》い、人々はだれも登らず、酒や食べ物を供《そな》えるものもあるまいぞ」とおっしゃった。

（その後）今度は筑波《つくは》の岳《やま》にお登りになり、また宿を乞《こ》われた。この時、筑波の神が答えて言うには、「今夜は新嘗《にいなめ》の祭をしておりますが、（親神である）あなた様のお言葉をどうしてもお受けしないというわけではありません」と申し上げた。そして飲食物を用意して、うやうやしく拝し、つつしんでお仕えした。それで、祖《みおや》の神はすっかりお喜びになり、歌をおうたいになった。

愛《は》しきかも　我《あ》が胤《みこ》　巍《たか》きかも　神宮《かむつみや》　天地《あめつち》の竝斉《むた》　日月《ひつき》と共同《とも》に　人民《たみくさ》集《つと》ひ　賀《ことほ》ぎ　飲《みけ》
食富豊《みきゆたか》に　代代《よよ》に絶ゆることなく　日《ひ》に日《け》に弥栄《いやさか》え　千秋万歳《ちよよろづよ》に　遊楽窮《たのしびきはま》らじ

（いとしい我が子よ、その宮はきっと高く大きくりっぱであろうよ。天地日月とともに永久に変わることなく、人々はその山に集まりことほぎ、神酒神饌《みきみけ》も豊かであろうよ。後々までいつまでも絶えることなく日増しに栄え、千年も万年も楽しみは尽きないであろうよ）

こうした次第で、福慈《ふじ》の岳《やま》は（その時以来）いつも雪が降り積っていて人は登ることができず、一方この筑波《つくは》の岳《やま》は、（それ以来）人々が往き集《つど》い、歌ったり踊ったりし、また食べたり飲んだりして、今に至るまでそれが絶えないのである—と。〔以下は省略する〕

〈注〉

○筑波《つくは》の郡《こほり》　現筑波郡北半部から新治郡西南の一部にわたる地域。『和名抄《わみょうしょう》』に、「筑波　豆久波」とあり、同郡には九郷のあったことが知られる。
○紀《き》の国　キは城（城塞）の意か。東夷に対して城塞となる国の意か。
○采女臣《うねめのおみ》　『記』には邇芸速日子《にぎはやひこ》の子宇麻志麻遅《うましまじ》命の後裔とあり、『姓氏録《しょうじろく》』には「神饒速日命六世孫伊香我色雄命之後也」（和泉国神別《いずみのくにしんべつ》）とある。采女《うねめ》の管掌にあたった氏族か。なお『続紀』神護景雲二年六月の条に「以テ二掌膳常陸国筑波采女《うねめ》従五位下勲五等壬生宿祢《みぶのすくね》小家主《こやぬし》ヲ一為ス二本国国造ト一」とある。
○友属《ともがら》　同族、一族の意。○筑箪命《つくはの》　他書に見えず系譜不明。
○紀の国の国造《くにのみやつこ》　『国造本紀』によれば「志賀高穴穂朝、以テ二忍凝見命孫阿閇色命ヲ一定メ二賜フ国造ニ一」（筑波国造の項）とあり、「紀の国造」とは見えていない。○握飯《にぎりいひ》筑波《つくは》の国　「にぎりいひ」は「つく」また「つくは」にかかる枕詞的性格を持つ語。地名筑波にかかると断定はできない。にぎり飯が（手に）つく、の意で「つく（は）」にかかるか。
○神祖《みおや》の尊《みこと》　ここでは祖先神の意であろう。なお一般には、母または祖母神をさす。
○新粟《わせ》の初嘗《にひなめ》　新粟はその年にとれた、まだ脱穀されていない五穀の実（主に稲の実）をいう。新嘗の祭とは、その年に収穫した穀物を神に捧げ、また自らも口にし、その年の収穫を神に感謝する農業祭で、農村で最も重要な行事の一つであった。
○諱忌《ものいみ》　新嘗祭は夜間に行われ、家じゅう内にこもって外の者を近づけず潔斎するのがしきたりであった。「誰《たれ》ぞこの屋の戸おそぶる新嘗《にひなめ》にわが背をやりて斎《いは》ふこの戸を」（『万葉集』

巻十四・東歌《あずまうた》（三四六〇）などに、それがうかがえる。

○詈《の》告りたまひしく　「のる」は呪咀《じゅそ》してのろいのことばを口にする意。「とごひ」とも言う。

○容止《やどり》　宿泊の意。「容止」を宿泊の意に用いているのは、中国の唐律《とうりつ》などに見られる律令《りつりょう》用語の応用と思われる。

○謌《うた》ひたまひしく　次に掲げられた歌から考えても、また富士に対する呪咀と対応している点から考えても、「謌」字は適当ではない。「諱」字として「うけひ」―つまり祖神が次条のようなことがらの実現を約束された―と訓《よ》むべきか。

○愛《は》しきかも　以下原文は四字一句の漢詩として構成されている。当国風土記にあっては、歌はすべて万葉仮名で記している点からしても、この地において歌われていた歌謡とは思われない。

○神宮《かむつみや》　『神名式』常陸国筑波郡の条に、「筑波山神社二座一名神大一小」とある神社であろう。

〈解説〉

前半は郡名筑波の由来を説いており、後半は常陸平野にそびえる筑波山繁栄の由来を、富士山との比較で語っている。

筑波郡を古く紀《き》の国と称したことは他に見えず、また筑簟《つくはの》命も系譜不明であるが、采女臣《うねめのおみ》の友属《ともがら》とあるところから、その祖饒速日命《にぎはやひのみこと》にまでさかのぼって考えてみると、同じ神を祖に持つ物部《もののべ》氏とのつながりが考えられる。朝廷の東夷征討に際し、この国が城塞、すなわち城《き》の国と称されること、またその征討に功労のあった物部氏一族（＝釆女臣も含まれよう）の人物の名をとっての命名など、いかにもありそうな話ではある。

さて富士と筑波の話は、富士山には年じゅう雪があって容易に人が近づけないことと、筑波山の春秋の歌垣《うたがき》でのにぎわいの対照を、祖神のことばによせて説いた典型的な地方伝承である。常陸平野からはるか遠くにながめられる富士の偉容を、霊峰とは見ず、むしろ筑波山に対してはいちだん劣った山だと語るところに、伝承の地方性が色濃くあらわれている。筑波山に対して祖神が発した祝福の誓約《うけい》は、漢詩に翻訳されていることから考えて、本来歌謡ではなく、神の宮の宮讃《ほ》めというような儀礼の場で唱えられた唱《とな》え言《ごと》であったと思われる。そのことばの中に、宮讃めとともに、筑波山の歌垣の起源をも盛り込んでいる点に注意したい。

また、その由来を新嘗《にいなめ》の行事に関連させて語っていることも興味深い。宮廷の新嘗祭として公式儀礼化する以前の、農村における新嘗の祭りの姿が、この伝承や〈注〉に挙げた東歌《あずまうた》の例などから、ある程度知られる点、まことに貴重な資料である。神祭りが深夜に行われるのは、古代の日本人が持っていた時間意識の中に、夜こそが〈カミ〉の活動する聖なる時間と意識されていたことを物語るものに相違なく、この伝承でも、〈カミ〉は夜、家々を回っているのである。なお、ここでは祖神とあるが、おそらくは折口信夫氏によって明らかにされたマレヒト神のイメージを持つものであろう。遠方から（特定の時期に）訪れる神が人々に福を授けるという話は、日本古代には広くどこにでもあったものと思われ、後には弘法大師などに付会《ふかい》されて、今日にも昔話などとして伝えられている。

四　筑波《つくは》郡 (二)

夫《そ》れ筑波の岳《やま》は、高く雲に秀《ひい》で、最頂《いただき》は西の峰崢嶸《けは》しく、これを雄《を》の神と謂《い》ひて、登臨《のぼ》らしめず。但《ただ》し、東の峰は、四方《よも》磐石《いはほ》にして、昇《のぼ》り降《くだ》りは坱圠《なだらか》ならずも、其の側《かたはら》に流泉《いづみ》ありて冬も夏も絶えず。坂より已東《ひむがし》の諸国《くにぐに》の男女、春は花の開《さ》ける時、秋は葉《このは》の黄《もみ》づる節《をり》、相携《たづさ》ひ駢闐《つらな》り、飲食《をしもの》を齎賚《もたら》し、騎《うま》に歩《かち》に登臨《のぼ》り、遊楽《あそ》び栖遅《いこ》へり。其の唱《うた》に曰《い》はく、

筑波嶺《つくはね》に　会《あ》はむと　云《い》ひし子《こ》は　誰《た》が言聞《ことき》けばか　み寝会《ねあ》はずけむ

筑波嶺《つくはね》に　廬《いほ》りて　妻無《つまな》しに　我《わ》が寝《ね》む夜《よ》ろは　早《はや》も明《あ》けぬかも

詠《うた》へる歌甚《いと》多くして、載車《のす》るに勝《た》へず。俗《くにひと》の諺《ことわざ》に云はく、筑波峰《つくはね》の会《つどひ》に娉《つまどひ》の財《たから》を得ざれば、児女《むすめ》とせずといへり。

郡の西十里に騰波《とば》の江《え》在《あ》り。長さ二千九百歩、広さ一千五百歩なり。東は筑波の郡、南は毛《け》野《ぬの》河、西と北は並《とも》に新治の郡、艮《うしとら》は白壁《しらかべ》の郡なり。

〈現代語訳〉

そもそも筑波《つくは》の岳《やま》は、高く雲をつきぬけてそびえ立ち、その頂《いただき》の西の峰は高くけわしく、雄《お》の神と呼ばれており、人の登ることを許さない。が、東の峰は四方が岩石で登り下りはごつごつしてけわしくなだらかではないが、その側を泉が流れていて、冬も夏も絶えることがない。（足柄《あしがら》の）坂から東にある諸国の男女は、春の花が咲く時期、秋の木の葉が色づく時節になると、手をとりあって連れだち、食べ物や飲み物を持って、馬に乗ったり歩いたりして（この山に）登り、終日楽しく遊び過ごす。その歌は次のようなものである。

筑波嶺《つくはね》に　会《あ》はむと　云《い》ひし子《こ》は　誰《た》が言聞《ことき》けばか　み寝会《ねあ》はずけむ

（筑波山の歌垣《うたがき》で逢《あ》おうと言った女は、いったいだれの言うことを聞き入れたのであろうか。私には逢ってくれないものだ）

筑波嶺《つくはね》に　廬《いほ》りて　妻無《つまな》しに　我《わ》が寝《ね》む夜ろは　早《はや》も明《あ》けぬかも

（筑波山での歌垣に、相手となる人もないままに一人で寝なければならないこの夜は、一刻も早く明けてほしいものだ）

（この歌垣の時に）うたわれる歌はたいそう多くて、とてもここには（そのすべてを）記載しきれない。土地の人々の言い伝えてきた言い草に、「筑波山での歌垣で男からの贈り物を手にすることもできない女は、娘の数にも入らない」という。

郡衙《ぐんが》から西方十里のところに、騰波《とば》の湖がある。その長さは二千九百歩、幅は千五百歩である。

（この湖の四至は）東は筑波の郡、南は毛野《けぬ》の河、西と北とはともに新治《にいはり》の郡、東北は白壁《しらかべ》の郡である。

〈注〉

○**西の峰**　男体山《なんたいさん》をいう。標高八七〇メートル。『万葉集』所載の『高橋虫麻呂歌集』の筑波山での嬥歌《かがい》会の歌に「男《を》の神に雲立ちのぼり時雨《しぐれ》ふり濡《ぬ》れ通るともわれ帰らめや」（巻九・一七六〇）とある。筑波山に男神・女神のあったことは、『万葉集』の「衣手常陸《ころもでひたち》の国二《ふた》並《なら》ぶ筑波の山を―（中略）―男《を》の神も許し賜ひ女《め》の神も幸《ちは》ひ給ひて―（下略）」（巻九・一七五三・検税使大伴卿《おおともきょう》の歌）という例からも知られる。『神名式』にいう「筑波山神社二座」の「二座」は、おそらくこの男女二神を指すものであろう。

○**崢嶸《けは》しく**　「崢」も「嶸」も高くけわしいさまをいう。

○**東の峰**　女体山をいう。標高八七六メートル。

○**坱圠《なだらか》ならず**　『大系』『全書』など「峡屹」とするが、今『茨城県史料・古代篇』所収の飯田瑞穂氏校訂本に従い「坱圠」とし、西宮一民氏の訓（『鑑賞日本古典文学』）によった。「坱圠」は起伏が多く地勢のなだらかでないさまをいう。

○**坂より已東《ひむがし》**　足柄《あしがら》の坂より東方の関東諸国のこと。

○**駢闐《つらな》り**　「駢」は共にあい並ぶ意。「闐」は群れつどう意。

○**栖遅《いこ》へり**　漢文において「栖遅」は世を避け田野にある意。ここはゆっくりと憩う意。漢文修辞の多用のために、この部分筑波山の遊覧のようであるが、以下の歌謡などからみても、歌垣《うたがき》の行事を指していることは間違いない。

○**筑波嶺《つくはね》に会はむと**　この歌も次の歌も、共に歌垣の場で女を獲《え》られなかった男の歌である。この歌は「峰《みね》に会《あ》はむ」と「み寝会《ねあ》はずけむ」が同音を含んでおり、筑波「ねにあはむ」と言っておきながら「みねあは」ないのはどうしたことか、という言語遊戯的な要素を持つ。こうした語呂合せ的性格は、今日の民謡にまで共通するものという(以上土橋寛氏『古代歌謡論』による)。

○**廬《いほ》りて**　「廬《いほ》る」は本来、小屋の中に宿ることであるが、転じて単に宿ることの意も持つようになった。

○**妻《つま》**　ここでは歌垣の場で相手となってくれる女のこと。

○**夜《よ》ろ**　名詞に接尾語の「ろ」を伴なう表現は、『万葉集』では防人《さきもり》歌・東歌《あずまうた》以外には見られず、それらの例はほぼ関東全域に及んでいることから、古代東国方言と思われる。「ろ」は語調を整え、親愛の意を添えるものという。

○**筑波峰《つくはね》の会《つどひ》**　筑波山麓《さんろく》での歌垣のつどいをいう。香島郡童子女松原の条には「燿歌会《かがひ》」とある。

○**娉《つまどひ》の財《たから》**　求婚のしるしとして男から女に与える贈り物のこと。

○**児女《むすめ》とせず**　歌垣の場で相手をみつけることもできないようでは、一人前の娘として扱わない、という意。
○**騰波《とば》の江《え》**　現真壁《まかべ》郡下妻市北部、大宝沼東方の小貝川筋の低湿地が、その跡という。鬼怒川の河道が変わったため、早くに消失したようである。なお『万葉集』には「新治《にひはり》の鳥羽《とば》の淡海《あふみ》」（巻九・一七五七）と見える。○**東は筑波の郡**　以下の四至の記載は騰波《とば》の江についてのもので、この江が筑波・新治・白壁のどの郡にも所属していなかったためのものと思われる。なお一説に、郡名だけがあってその記事いっさいを欠く河内郡の四至記載とする説もある（『全書』はこれに従う）。

〈解説〉

この段は、前段が古老の言に基づく筆記であったのに対し、筆録者の観察を主とした、いわば筆録時において作文されたものであり、漢文的修辞の色彩が濃厚である。この一条は従来から指摘されているように、『肥前国風土記』逸文《いつぶん》の「杵島《きじま》山」の条と、文全体の構成・漢文修辞のあり方・歌垣の歌の採取など極めて類似点の多いことは注意すべきである。

さて、ここでは漢文修辞の故か、歌垣また嬥歌《かがい》の文字こそ見えないが、その内容は明らかに歌垣のことを伝えている。歌垣の風習については、民俗学的見地からの研究によりかなり明らかになっているが、それによると、歌垣は、一年のうちの特定の時期（当国風土記によると春・秋の二季）に特定の場に男女が集まり、飲食歌舞に興じると共に性的解放を伴なった行事であったという。また、本来は歌舞飲食や性的解放が目的であったのではなく、春秋の農耕儀礼としての山見・花見という予祝行事としてあったもので、それに種々の娯楽的要素が付加されたものであるという。春秋二季が選ばれているところからすると、春、山から田に神を迎え、秋に神をふたたび山に返すという農村の神祭りのあり方とも密接にかかわっているようである。性的解放ということで、一部には乱婚と考えられたりしたが、これは誤りで、歌垣はいわば神意による男女の婚約を与える場であったと思われる。「筑波峰《つくはね》の会《つどひ》に娉《つまどひ》の財《たから》を得ざれば児女《むすめ》とせず」という「風俗《くにぶり》の諺」は、単に婚約不成立をいうものではなく、背後にある農耕の予祝行事を想うならば、これは、歌垣の場の女に豊作を約束する霊力を見て、婚約不成立は、とりもなおさず生産儀礼の失敗と受け取られたが故の「諺」ではなかったかと思われる（吉野裕氏『東洋文庫』に指摘がある）。

なお、伝説歌人として名高い高橋虫麻呂が、この筑波山の歌垣を詠んだ歌を残している。都会の律令官人《りつりょうかんじん》の目から見た歌垣ではあるが、本条と共に興味深いものがある。

鷲《わし》の住む　筑波の山の　裳羽服津《もはきつ》の　その津の上に　率《あども》ひて　未通女壮士《をとめをとこ》の　行き集《つど》ひ
かがふ嬥歌《かがひ》に　人妻《ひとづま》に　吾《あ》も交《まじ》はらむ　あが妻に　他《ひと》も言問《ことと》へ　この山を　領《うしは》く神の　昔
より　禁《いさ》めぬ行事《わざ》ぞ　今日のみは　めぐしもな見そ　言《こと》も咎《とが》むな（巻九・一七五九）

五　信《し》太《だ》郡

信《し》太《だ》の郡《こほり》。東は信《し》太《だ》の流海《うみ》、南は榎《え》の浦《うら》の流海《うみ》、西は毛《け》野河《ぬのかは》、北は河内《かふち》の郡なり。

郡の北十里に碓井《うすゐ》あり。古老の曰《い》へらく、大足日子《おほたらしひこ》の天皇《すめらみこと》、浮島《うきしま》の帳宮《かりみや》に幸《いでま》ししに、水《みづ》の供御《おもの》無《な》かりき。即《すなは》ち、卜者《うらべ》をして占訪《うらと》はしめて、所々穿《ほ》らしめき。今も雄栗《をくり》の村に存《のこ》れり。

此《ここ》より以西《にし》に高来《たかく》の里《さと》あり。古老の曰《い》へらく、天地《あめつち》の権輿《はじめ》、草木《くさき》言語《ことと》ひし時、天《あめ》より降《くだ》り来《こ》し神、名《みな》を普都大神《ふつのおほかみ》と称《い》ふ。葦原《あしはら》の中津国《なかつくに》を巡《めぐ》り行《い》でまして、山河《やまかは》の荒梗《あらぶるかみ》の類《たぐひ》を和平《ことむ》けたまひき。大神《おほかみ》、化道《ことむけ》已《すで》に畢《を》へて、心《みこころ》に天《あめ》に帰らむと存《おぼ》し、即時《やがて》、身に随《そ》へまし器仗《つはもの》俗《くにひと》、伊《い》川《つ》乃《の》といふ。甲《よろひ》・戈《ほこ》・楯《たて》・剣《つるぎ》、及執《またと》らせる玉珪《たま》、悉皆《ことごと》に脱屣《ぬ》ぎて、茲《こ》の地《くに》に留《とど》め置《お》き、即ち白雲《しらくも》に乗りて蒼天《あめ》に還《かへ》り昇《のぼ》りましき。〔以下略《はぶ》く〕風俗《くにぶり》の諺《ことわざ》に云《い》はく、葦原《あしはら》の鹿は其の味《あぢはひ》爛《くさ》れるがごとく、喫《くら》ふに山の宍《しし》に異《こと》なれり。二つの国の大猟《おほかり》も、絶《た》え尽《つ》すべからずといへり。

其の里《さと》の西に飯名《いひな》の社《やしろ》あり。此《こ》は即ち、筑波の岳《やま》に有《いま》せる飯名《いひな》の神の別属《わかれ》なり。

榎《え》の浦の津《つ》あり。便《すなは》ち、駅家《うまや》を置けり。東海の大道《おほぢ》にして、常陸《ひたち》路の頭《はじめ》なり。所以《このゆゑ》に、伝駅使《はゆまづかひ》等《ら》、初めて国に臨《のぞ》まむとしては、先《ま》づ口と手とを洗ひ、東に面《む》きて香島《かしま》の大神を拝《をろが》み、然《しか》して後に入《い》ることを得るなり。〔以下略《はぶ》く〕

古老の曰《い》へらく、倭武《やまとたける》の天皇、海辺《うみべた》に巡《めぐ》り幸《いでま》して、乗浜《のりはま》に行き至《いた》りましき。時に、

浜浦《はま》の上《ほとり》に、多く海苔 俗《くにひと》、乃理《のり》と云《い》ふ。を乾《ほ》せりき。是《これ》に由《よ》りて、能理波麻《のりはま》の村と名づく。〔以下略《はぶ》く〕

乗浜《のりはま》の里《さと》の東に、浮島《うきしま》の村有《あ》り。長さ二千歩、広さ四百歩なり。四面《よも》絶海《うみ》にして、山野交錯《まじ》れり。戸《いへ》は一十五烟《とをあまりいつつ》、田は七八町余《ところあまり》あり。居《す》める百姓《おほみたから》、塩を焼きて業《なりはひ》と為《な》す。而《しか》して九《ここのつ》の社《やしろ》あり。言《こと》も行《わざ》も謹諱《つつし》めり。〔以下略《はぶ》く〕

〈現代語訳〉

信太《しだ》の郡《こおり》。東は信太《しだ》の流海《うみ》。南は榎《え》の浦《うら》の流海《うみ》。西は毛野《けぬ》の河。北は河内の郡である。

郡衙《ぐんが》から北方十里のところに碓井《うすい》がある。古老の言うことには、大足日子《おおたらしひこ》の天皇（景行天皇）が浮島《うきしま》の仮の御座所に行幸なさった時に、お飲みになる水がなかった。そこで卜《うらな》いをする者に（水の出るところを）卜《うらな》わせてあちこち井戸をお掘らせになったという。（その井戸は）今でも雄栗《おくり》の村に存《のこ》っている。

ここ（碓井）から西方に高来《たかく》の里《さと》がある。古老は伝えて次のように言っている。―天地《あめつち》の権輿《はじめ》、まだ草木がよくものを言うことができた時、天から降《くだ》って来られた神があった。（その神の）御名を普都大神《ふつのおおかみ》と言う。（この神が）葦原中津国《あしわらのなかつくに》を巡行されて、山や河の荒《あら》ぶる神神たちをやわらげ平定された。大神は（神々たちを）平定しおわって、心の中で天に帰ろうとお思いになり、そこでお体におつけになっていた器仗《つわもの》（武具）土地の人々は、（それを）

「いつの」という。の甲《よろい》・戈《ほこ》・楯《たて》・剣《つるぎ》、そしてまた手に持っておられた玉類までもすっかりぬぎすてて、この地に留《と》め置いて、そのまま白雲に乗って蒼天《あめ》に帰り昇って行かれた——と。

〔以下は省略する〕

土地の人々の伝えてきた言いならわしに、「葦原の鹿《しか》のその味はただれて腐っているようで、食べてみると山の鹿（の肉）とは違ったところがある。（常陸と下総）二国の大猟でも絶え尽くすことができない」という。

その里の西方に飯名《いいな》の社《やしろ》がある。これは筑波《つくは》岳《やま》にいらっしゃる飯名《いいな》の神の末社である。

榎《え》の浦の津がある。ここに駅家《うまや》が設置されている。東海道の本街道で、常陸国に入る街道の入口である。したがって伝駅使《はゆまづかい》たちは、初めてこの国に入ろうとする時には、まず口をすすぎ手を洗い、東を向いて香島《かしま》の大神を拝し、それから後に（初めてこの国に）入ることができるのである。〔以下は省略する〕

古老はこう言っている。——倭武《やまとたける》の天皇が海辺を巡幸されて、乗浜《のりはま》の地に行き着かれた。その時に（この）浜辺のほとりにたくさんの海苔土地の人々は、これを「のり」と言う。が乾してあった。これにちなんで、（この地を）能理波麻《のりはま》の村と名づけた——と。〔以下は省略する〕

乗浜《のりはま》の里《さと》の東方に浮島《うきしま》の村がある。長さ二千歩、幅は四百歩である。四方を海で囲まれており、（島は）山地と野原が入りまじっている。戸数十五戸、田は七、八町ばかりである。住

民たちは塩を焼いて生計をたてている。(ここには)九つの社《やしろ》があり、人々は言行ともにつつしんでいる。〔以下は省略する〕

〈注〉

○**信太《しだ》の郡《こほり》**　ほぼ現稲敷郡に相当する地域。『和名抄』郡名部に「信太志多」とあり、同書によれば当郡には十四郷の存したことが知られる。なお、現伝当国風土記には、本郡の沿革記事、また郡名由来の記事がなく、抄略した旨の注記もないが、『釈日本紀《しゃくにほんぎ》』巻十(沿革)、『万葉集註釈』巻二(郡名由来)に引用されているものが、当国風土記の逸文《いつぶん》であろう。

○**信太《しだ》の流海《うみ》**　現霞ケ浦・西浦をさすか。『万葉集』にいう「常陸《ひたち》なる浪逆《なさか》の海」(巻十四・三三九七)がこれに相当するともいう。「流海」は河口が広く入江となって、海とも川ともつかないさまをいうか。

○**榎《え》の浦《うら》の流海《うみ》**　遺称地なく不明であるが、稲敷郡の平須沼・大浦沼から龍ケ崎市付近にいたる低湿地をあてているものが多い。

○**郡**　当郡郡衙《ぐんが》は稲敷郡美浦町信太付近にあったという。

○**浮島《うきしま》の帳宮《かりみや》**　浮島は霞ケ浦西南部にある島。現新治郡桜川村浮島。帳宮は幕、あるいはむしろのようなもの(トバリ)を引き廻しただけの仮の御宿所をいう。

○**占訪《うらど》はしめて**　「占問ふ」は占いによって吉凶成否を問うこと。ここは飲料になる水の出る井を占わせたのである。

○雄栗《をくり》の村　稲敷郡美山村大山付近というが定かではない。
○高来《たかく》の里《さと》　稲敷郡阿見町竹来《たかく》を遺称地としている。○権輿《はじめ》　物事のはじめ・始まりをいう。
○草木《くさき》言語《ことと》ひし時　『神代紀』下・天孫降臨の条に、「草木《くさき》咸《ことごとく》に能《よ》く言《ものいふこと》有り」、また『延喜式』所収の『出雲国造《いづものくにのみやつこのかむよ》神賀詞《ごと》』に、「石根《いはね》・木立《こだち》・青水沫《あをみなわ》も事問《ことと》ひて荒《あら》ぶる国なり」とある。草木も精霊を持っていて人間をおびやかす意か。草木が物を言うことと、荒ぶる神の活動することとを同一視しているようであり、天上世界からみて、地上がまだ未統治であることを表わしていると思われる。
○普都《ふつの》大神　『紀』では「経津主神」とある。『神代紀』下・国譲りの条、『延喜式』所収『祟《たたり》神《がみ》を遷《うつ》し却《や》る（祝詞《のりと》）』『出雲《いづも》国造《のくにのみやつこのかむよ》神賀詞《ごと》』などによれば、葦原中国の平定に大いに活躍した神とされている。『記』では神武天皇が賊徒平定に際し建御雷神《（たけみかづち）》から与えられた剣の名の一として「布都御魂《ふつのみたま》」とある。葦原中国平定の際、建御雷神と経津主神《ふつぬしのかみ》とが天降るのは、『記』のこの叙述と関係していると思われ、「普都大神」は本来剣そのものであったらしい。なお『古語拾遺』には、この神を、下総国《しもうさ》香取《かとり》の神と記している。
○山河《やまかは》の荒梗《あらぶるかみ》　天孫降臨以前からこの地にあった土着神を、天孫の側から呼んで「アラブルカミ」という。
○器仗《つはもの》　武器・兵仗《ひようじよう》の意。俗語に「イツ」とあるのは、『記』に「十《と》握剣《つかのつるぎ》」の異名の一として挙げられている「伊都之尾羽張《いつのをはばり》」の「伊都《いつ》」と同語であり、武力や威力が強くさかんなさまをいうか。また、この神の所持品の多くに武具の見えることは、普都大神が武神と考えられていたことを示していると考えられる。

○葦原《あしはら》の鹿　山の鹿に対する語。この諺あるいは「爛《くさ》れるがごとし」までか。その内容もよくわからない。

○二つの国　下総《しもうさ》・常陸《ひたち》二国をいう。

○飯名《いひな》の社《やしろ》　龍ケ崎市八代の稲塚が遺称地という。なお、この地で歌垣が行われていたとする説（鵜殿正元氏『古風土記研究』）もある。

○駅家《うまや》　古代交通制度、とくに官道交通の官使のために設置された施設。大化改新詔《みことのり》から駅制が見え、大宝令《たいほうりょう》以後整備されたと思われる。その規定によれば、三十里毎に一駅が置かれ、馬・船などを常置するとともに、宿・食を提供する場でもあった。したがって、ここに集落をなすことも多かったと思われる。なお、榎《え》の浦の駅家については、『延喜式』にも『和名抄』にも見えない。

○伝駅使《はゆまづかひ》　駅家の馬を利用して公用を務める役人のこと。

○口と手とを洗ひ　国境を越え異国に入れば異国の神の土地であると信じられていた時代の名残りで、口・手を洗うのは、その神の祟りを逃れるための呪法《じゅほう》であったか。

○香島《かしま》の大神　香島神宮の祭神。香島郡の条に詳しい。

○乗浜《のりはま》　稲敷郡の東端、霞ケ浦に臨む古渡・阿波・伊崎付近という。『和名抄』郷名部に、

「乗浜」（信太郡）と見える。
○田は七八町《ところ》　耕作できる田の少ないことをいう。
○九《ここのつ》の社《やしろ》あり　寒村ながらこの島は交通の要害であったために、これほどまでに多くの神が祀《まつ》られていたのであろう。景行天皇がこの島に仮宮を設けたと記すのも、交通要害の地であったことと関係があろう。

〈解説〉

当郡の記事中興味を引く第一のものは、普都《ふつ》大神の一条である。普津大神が建御雷《たけみかづち》神と密接なかかわりを持つことは『記』『紀』などから知られるところであるが、『記』によれば、「布都御魂《ふつのみたま》」と呼ばれた剣は、石上《いそのかみ》神宮にあると記されている。この石上神宮は奈良県天理市にある石上神宮であろう。『神名式』には「石上坐布都御魂神社」とある（ただし同式備前国赤坂郡の条に、「石上布都之魂神社」が見え、これは『紀』の八《や》岐大蛇《またのおろち》の段で、その尾から出てきた十《と》握剣《つかのつるぎ》が、吉《き》備《び》の神部の許にあるとする第三の一書《いっしょ》の記述とつながっている。なお検討すべき問題である）。

さて大和の石上神宮が物部《もののべ》氏によって祀《まつ》られたものであることはよく知られているが、その祭神「普都大神」が下総《しもうさ》国香《か》取《とり》神宮に坐《いま》すというのは『古語拾遺』以外には見えない。しかしながら、下総、またこれに隣接する当郡に物部氏一族が居住していたであろう可能性は考えてよかろう。当郡逸文《いつぶん》の信《し》太《だ》郡沿革を述べた『釈日本紀』中に、物部河内・物部会津の名が見え、『続紀《しよくき》』養老七年三月の条にも物部国依に信太連《しだのむらじ》の姓《かばね》を賜ったとあることを以てすれば、当郡に物部氏一族が居住し、その氏族伝承を伝えていたことも想像に難くない。ここに言う古老がいかなる者かは判然としないが、その記事内容によれば、おそらくは物部氏ゆかりの者と思われる。ただ、伝承では、その普都大神は武具・玉珪《たま》をこの地に残して、ふたたび天上世界に還《かえ》ったことになっているのは、伝承の地方化ということでは済ませられぬ問題かと思われる。当郡の物部氏は、この武具・玉珪《たま》を持ち伝えていたのであろうか。

榎《え》の浦の駅家の一条もまた興味深い。ここから常陸に入るという時、人々が香島の大神の坐す東方に向って礼拝するというのは、ことにそれを律令官人《りつりようかんじん》までもが行うとあるところに、常陸における香島《かしま》の大神の神威《しんい》を見る思いがする。

六　茨城《うばらき》郡 (一)

茨城《うばらき》の郡《こほり》。東は香島《かしま》の郡、南は佐我《さが》の流海《うみ》、西は筑波《つくは》山、北は那珂《なか》の郡なり。

古老《ふるおきな》の曰《い》へらく、昔、国巣《くず》 俗《くにひと》の語《ことば》に都知久母《つちくも》、又夜都賀波岐《またやつかはぎ》と云ふ。山の佐伯《さへき》、野の佐伯《さへき》在《あ》りき。普《あまね》く土窟《つちむろ》を掘り置きて、常に穴に居《す》み、人の来る有《あ》れば、則ち《すなは》窟《むろ》に入りて竄《かく》り、其の人去れば更《また》郊《の》に出でて遊《あそ》ぶ。狼《おほかみ》の性《さが》、梟《ふくろふ》の情《こころ》ありて、鼠に窺《ひそか》ひ《うかが》て掠《かす》め盗《ぬす》み、招《を》き慰《なご》めらるること無《な》く、弥《いよよ》、風俗《くにぶり》に阻《へだ》たりき。此の時、大臣《おほのおみ》の族《やから》・黒坂命《くろさかの》、出《い》で遊べる時を伺候《うかが》ひて、茨蕀《うばら》を穴の内に施《い》れ、即《すなは》ち騎《うまのり》の兵《つはもの》を縦《はな》ちて、急《にはか》に逐《お》ひ迫《せ》めしめき。佐伯等《さへきども》、常の如《ごと》く土窟《つちむろ》に走り帰り、尽《ことごと》に茨蕀《うばら》に繋《かか》りて、衝《つ》き害疾《そこな》はれ死に散《あら》けき。故《かれ》、茨蕀《うばら》を取りて、県《あがた》の名に着《つ》けきといひき。謂《い》はゆる茨城の郡は、今那珂の郡の西に在《あ》り。古者《いにしへ》、郡家《こほりのみやけ》を置ければ、即ち茨城の郡の内なりき。風俗《くにぶり》の諺《ことわざ》に、水依《みづよ》り茨城《うばらき》の国と云ふ。

或るもの曰《い》へらく、山の佐伯《さへき》、野の佐伯《さへき》、自《みづか》ら賊《あた》の長《をさ》と為《な》り、徒衆《ともがら》を引率《ひきゐ》て、国中《くぬち》を横《よこ》しまに行き、大《いた》く劫《かす》め殺しき。時に黒坂命《くろさかのみこと》、此の賊《あた》を規《はか》り滅《ほろぼ》さむとて、茨《うばら》を以《も》ちて城《き》を造りき。所以《このゆゑ》に、地《くに》の名を便《すなは》ち茨城《うばらき》と謂《い》ふといひき。茨城の国造《くにのみやつこ》が初祖《とほつおや》、多祁許《たけこ》呂《ろの》命《みこと》は、息長帯比売《おきながたらしひめ》の天皇の朝《みかど》に仕《つか》へて、品太《ほむだ》の天皇の誕《あ》れましし時に至るまでに当《あた》れり。多祁許呂命に子八《みこや》人《たり》有り。中の男《を》・筑波使主《つくはのおみ》は、茨城の郡の湯坐連《ゆゑのむらじ》等が初祖《とほつおや》なり。

郡より西南に近く河間《かは》有り。信筑《しづく》の川と謂《い》ふ。源《みなもと》は筑波の山より出で、西より東に流れ、郡の中を経歴《へめぐり》て、高浜《たかはま》の海に入る。〔以下略《はぶ》く〕

〈現代語訳〉

茨城《うばらき》の郡《こおり》。東は香島《かしま》の郡。南は佐我《さが》の流海《うみ》。西は筑波山。北は那珂《なか》の郡である。

古老は次のように伝えている。—昔、国巣《くず》土地の人々はこれを「つちくも」、あるいは「やっかはぎ」と言っている。（名を）山《やま》の佐伯《さえき》、野《の》の佐伯《さえき》というものが住んでいた。あちこちいたるところ（の山腹に）穴倉を掘っておいて、いつも穴に住んでいた。だれか知らない人が来た時には、すぐさま（近くの）穴倉に入って身を隠し、その人が行ってしまうと、また野原に出てきて遊ぶのである。（国巣《くず》たちは）狼《おおかみ》のような性質、梟《ふくろう》のような情《こころ》を持っていて、鼠《ねずみ》のように相手の隙《すき》をみてはこっそりその品をかすめ盗み、だれからも招かれたり手なづけられることもなく、ますます、土地の人々の風習から隔たっていたのである。この時、大臣《おおのおみ》の同族である黒坂命《くろさかのみこと》は、（国巣たちが）穴の外に出て遊んでいる時をねらって、茨棘《うばら》を彼らの穴の中に仕掛けておいて、それから馬に乗った兵を放って、突然（彼らを）追いたてた。国巣《くず》たちは、いつもの通り穴倉に走って帰り（その中に入ったところ）、ことごとく茨棘《うばら》にひっかかって、その棘《とげ》に突きささって、傷つき痛んでちりぢりに死んでしまった。よって、その茨棘《うばら》にちなんで県《あがた》の名に着《つ》けたのだ—と。ここに言う茨城《うばらき》の郡は、今は那珂《なか》の郡に属しており、その西部にある。昔は、そこに郡衙が置かれていたから、まさしく（そこは）茨城《うばらき》の郡の内であった。土地の人々の伝えてきた言いならわしに、「水依《みつよ》り茨城《うばらき》の国」と言う。

あるいはこうも伝えている。—山の佐伯《さえき》と野の佐伯《さえき》は、自《みずか》ら進んで国巣《くず》の首領となり、徒党の衆を引き連れて国内で傍若無人の振舞いをし、土地の人々の品を奪ったり殺したりすることがひどかった。そこで黒坂命《くろさかのみこと》は、この悪賊たちを策略を用いて滅ぼそうとして、茨《うばら》で城《き》を造った。こういうわけで、この地の名を茨城《うばらき》と言うのだ―と。茨城《うばらき》の国造《くにのみやつこ》の始祖である多《た》祁《け》許呂命《ころのみこと》は、息長帯比売《おきながたらしひめ》の天皇（神功皇后）の朝廷にお仕えし、品太《ほむだ》の天皇（応神天皇）がお生まれになった時までお仕えしていた。多祁許呂命《たけころの》には子供が八人あったが、そのうち中の男である筑波《つくはの》使主《おみ》は、茨城《うばらき》の郡にある湯坐連《ゆえのむらじ》たちの始祖である。

郡衙《ぐんが》から西南方の近くに河がある。（その川を）信筑《しづく》の川と言う。その源《みなもと》は筑波山に発し、西から東に流れて、（この）郡の中を経めぐって、高浜《たかはま》の海に注いでいる。〔以下は省略する〕

〈注〉

○茨城《うばらき》の郡《こほり》　現東茨城・西茨城両郡南部と新治《にいはり》郡のほぼ全域に相当する地域。『和名抄』郡名部に「茨城　牟波良岐　国府」とあって、当国国庁の置かれていたことが知られ、同書によれば当郡に十八の郷の在ったことが知られる。なお常陸国庁（及び郡衙《ぐんが》）は石岡市茨城にあったという。

○佐我《さが》の流海《うみ》　諸本「佐礼」とあるが、『新編常陸国誌』『常陸国郡郷考』などの説くように「佐我」の誤とする。現新治郡出島村佐賀を遺称地とする。霞ケ浦のうち佐我に近い部分をこう呼んだものか。

○国巣《くず》　国主・国樔人・国栖などとも表記される。土着の先住民をいう語。**○都知久母《つちくも》**　土蜘蛛・土雲とも表記される。未開の先住民を、中央勢力の側が異類視して呼んだものか。

○**夜都賀波岐《やつかはぎ》**　八束脛・八掬脛とも表記される。先住土着民の身体的特徴を誇張して表現したもので、前項同様異類視しての命名と思われる。『記』『紀』にみえる「長髄彦《ながすねひこ》」や「七拳《ななつか》脛《はぎ》」も同類の称呼か。

○**佐伯《さへき》**　朝廷の命を受け入れず抵抗する者の意で、国巣の別称。ここでは人名のように扱っている。

○**大臣《おほのおみ》の族《やから》・黒坂《くろさかの》命**　『神武記』に「神八井耳《かむやゐみみの》命は、意富《おほの》臣、―（中略）―道奥の石城国造・常道《ひたち》の仲国造・―（中略）―等の祖なり」とある。この「意富臣」（『紀』には「多臣」とある）のことであろう。

○**茨蕀《うばら》**　ウマラとも。とげのある小低木の総称。

○**水依《みづよ》り茨城《うばらき》の国**　『大系』は「依」を「泳」の誤として「水泳《みづく》る茨城《うばらき》」と訓《よ》み、水潜《くぐ》る・鵜《う》と解した。『全書』は「水依《みづよ》り茨城」と訓んで、水に依って茨のある意とする。『東洋文庫』は「水依《みづよ》さす茨城」と訓み、うまい水の依せるウマラキの意とする。『東洋文庫』の説くように、当郡内を信筑川が回流し、田余の里の条には倭武《やまとたける》天皇のことばとして「能《よ》き停水《たづみ》かな」とあるなど、水（井・泉）とのつながりを思わせる。茨はウマラとも呼ばれていたことも考慮すれば、『東洋文庫』説を採るべきか。

○**横《よこ》しまに行き**　道理に反し邪悪なさまをいう。

○**城《き》**　柵状の施設をいう。多く外敵の侵入を防ぐために設けられたもので、奈良時代には東北や北九州などに官営のものが置かれていた。

○多祁許呂命《たけころの》　『姓氏録《しょうじろく》』大和国神別・三枝部連《むらじ》の条に「額田部湯坐連《ぬかたべゆえのむらじ》同祖。天津彦根命《あまつひこねのみこと》十四世孫達己呂命之後也」とある。この達己呂命は多祁許呂命と同一人であろう。また和泉国神別・高市県主《たけちのあがたぬし》の条には「天津彦根命十二世孫建許呂命《たけころのみこと》之後也」とある（高市氏も額田部氏と同族である）。また『国造本紀』石城《いわき》国造の条に「志賀高穴穂朝御世（成務朝）、以テ二建許呂命ヲ一定メ二賜フ国造ニ一」ともある。湯坐連は天皇家直属の部民で、皇子女の産湯・入浴に奉仕した者の管掌者。それ故応神天皇の生誕（産湯）に奉仕したとする伝承が生まれたのであろう。

○子八人《みこやたり》有り　『国造本紀』によれば六人の子がともに国造《くにのみやつこ》となっている。

○筑波使主《つくはのおみ》　『国造本紀』茨城国造の条に「軽嶋豊明《かるしまのとよあきら》朝御世（応神朝）、天津彦根命孫《あまつひこねのみことのまご》、筑《つく》紫刀禰《しのとね》ヲ定メ二賜フ国造ニ一」とある。この「筑紫刀禰」は「筑波刀禰」の誤りとする説もあり、それに従えば、これが筑波使主《つくはのおみ》に相当するか。「天津彦根命孫」とあるので、おそらくは建許《たけこ》呂命《ろの》の子とするのであろう。なお使主《おみ》は朝鮮渡来の敬称で、後には帰化人に与えられた姓《かばね》の一ともなったが、ここは「筑波使主」で人名と思われる。

○信筑《しづく》の川　現恋瀬川。新治郡の柿岡盆地から出て石岡市志筑を流れ同市高浜で霞ケ浦に注ぐ。『万葉集』に「筑波嶺《つくはね》に登りて見れば尾花《をばな》ちる師付《しづく》の田居《たゐ》に」（巻九・一七五七）とある。

〈解説〉

ここでは地名茨城の由来を二説掲げている。両者共に黒坂命の佐伯（国巣《くず》）討伐伝承の中で地名の由来を語り、とげのある茨《いばら》を以て殺したところまで一致していながら、前者は「茨《うば》蕀《ら》を取りて」とあるのに対し、後者では「茨を以《も》ちて城《き》を造りき」とあって、ウバラキの地名起源説明としては、後者の方が完結している。思うに、これは古老伝承採取が二度（二ヵ所）以上で行われ、その伝承内容はほぼ同じであったにもかかわらず、一方はウバラを説くだけに終わり、他方はウバラキにまで及んでいたことによる相違ではなかったろうか。

「風俗《くにぶり》の諺」については、〈注〉に示したように諸説があり、その訓みも定かではないが、従来から説かれているように、「風俗の諺」が土地、また地名に冠せられて、その称辞となっているという考えを認めるならば、「ウマ（甘）き水」のある「ウマラキ」と解するのが、より自然ではなかろうか。『崇神紀《すじんき》』六十年の条に、「山河の水泳《みくく》る御魂《みたま》」とあって、枕詞的な「水泳る」の用例は見られるが、下の語へのかかり方が、当国風土記とは異なっている点に問題があろう。なお「鵜《う》」にかかる枕詞としては「水鳥の」がある。

七　茨城郡㈡

夫《そ》れ此の地《ところ》は、芳菲《はな》の嘉辰《はる》、揺落《もみぢ》の涼候《あき》、駕《のりもの》を命《おほ》せて向ひ、舟に乗りて遊ぶ。春は則《すなは》ち浦の花千《ちぢ》に彩《いろど》り、秋は是《こ》れ岸の葉百《このはもも》に色づく。歌へる鶯《うぐひす》を野の頭《ほとり》に聞き、儛《ま》へる鶴《たづ》を渚《なぎさ》の干《ひがた》に覧《み》る。社郎《むらをとこ》と漁嬢《あまをとめ》と、浜洲《はま》を逐《お》ひて輻湊《あつま》り、商豎《あきひと》と農夫《たひと》と、艀䑳《ふね》に棹《さを》さして往来《ゆきき》す。況《いはむ》や、三夏《なつ》の熱《あつ》き朝《あした》、九陽《ひ》の蒸《む》す夕《ゆふべ》、友を嘯《よ》び僕《やつこ》を率《ゐ》て、浜曲《はまみ》に並び坐《ゐ》て、望《のぞ》みを海中に騁《は》す。濤《なみ》の気《けは》稍《ひやや》扇《あふ》げば、暑さを避《さ》くる者《もの》は鬱陶《おほほ》しき煩《わづらひ》を祛《のぞ》き、岡の陰 徐《おもぶる》に傾《かたぶ》けば、涼《すず》しさを追ふ者は歓然《よろこば》しき意《こころ》を軫《うご》かす。詠《うた》へる歌に曰《い》はく、

　高浜《たかはま》に　来寄《きよ》する波《なみ》の　沖《おき》つ波《なみ》　寄《よ》すとも寄《よ》らじ　子《こ》らにし寄《よ》らば

又云《い》はく、

　高浜《たかはま》の　下風《したかぜ》騒《さや》ぐ　妹《いも》を恋《こ》ひ　妻《つま》と云《い》はばや　しことめしつも

郡の東十里に桑原《くははら》の岳《をか》あり。昔、倭武《やまとたける》の天皇《すめらみこと》、岳《をか》の上に停留《とどま》りたまひて、御膳《みけつもの》を進奉《たてまつ》る時、水部《もひとりべ》をして新《あらた》に清井《ゐ》を掘《ほ》らしめしに、出泉《いづみ》浄《きよ》く香《かぐは》しくして、飲喫《の》むに尤《いと》好《よ》かりしかば、勅云《みことのり》したまひしく、「能《よ》き停水《たづみ》かな」俗《くにひと》、与久多麻礼流弥津可奈《よくたまれるみづかな》と云ふ。とのりたまひき。是に由《よ》りて、里《さと》の名を、今、田余《たまり》と謂《い》ふ。〔以下略《はぶ》く〕

〈現代語訳〉

そもそもこの地は、花かおる春、また木の葉の色づき散りしく秋になると、あるいは駕《のりもの》を命じて出向き、また舟を漕《こ》ぎ出して遊ぶ。春の浦々には花が千々《ちぢ》に咲き乱れ、秋には岸という岸の木の葉が色づく。（春は）さえずる鶯《うぐいす》の声を野のほとりで耳にし、（秋は）宙に舞う鶴《つる》の姿を海辺のなぎさで目にする。農夫の若者と海人《あま》の娘は、浜辺を逐《お》い走りて群れつ

どい、商人と農夫は、小舟に棹《さお》さして行き交《か》う。まして真夏の暑い朝、陽光でむっと暑い夕暮れになると、友を呼び僕《しもべ》を引き連れて、浜かげに並んで腰をおろし、海上はるかにながめやる。少し波立ち夕風がしずかに吹き出すと、暑さを避けて集まったものは、晴れやらぬ心の憂《う》さを風に払い、岡を照らしていた日影がしだいしだいに動いて行くにつれ、涼を求めるものは、喜びの心を動かすのである。(この地で)詠《うた》われる歌にいう。

高浜《たかはま》に　来寄《きよ》する波《なみ》の　沖《おき》つ波《なみ》　寄《よ》すとも寄らじ　子らにし寄《よ》らば

(高浜に寄せ来る波の、その沖の浪が寄せてくるように、私に心を寄せる人がたとえいたとしても私はその人にはけっして寄りはしません。あなたに心を寄せたいものです)

また別の歌にいう。

高浜《たかはま》の　下風騒《したかぜさや》ぐ　妹《いも》を恋《こ》ひ　妻《つま》と云《い》はばや　しことめしつも

(高浜の浜辺の木の下を吹く風がざわざわと音を立てている。こんな時には相手になってくれる人が欲しいもの。そしてその人を妻と呼んでみたいもの。たとえ醜い乙女《おとめ》でも、賤《いや》しい女でもいいのだが)

郡衙《ぐんが》の東方十里のところに桑原《くわはら》の岳《おか》がある。昔、倭武《やまとたける》の天皇が、この岳《おか》の上でしばらくお休みになって、お食事をさし上げようとした時、水部《もいとりべ》に命じて新たに井戸をお掘らせになったところ、湧《わ》き出た泉は浄らかで香気があり、飲んでみるとたいそうおいしかった。そこで天皇は「能《よ》き停水《たづみ》かな」　土地の人々は、「よくたまれる水《みず》かな」と言う。と仰せられた。

これによって、この里《さと》の名を、今に田余《たまり》と言う。〔以下は省略する〕

〈注〉

○此の地《ところ》　前文が省略されていて定かではないが、前条の高浜を指すと考えられる。
○芳菲《はな》　草花のよい香りをいう。○嘉辰《はる》　よい時候・時節の意。嘉月《かげつ》は三月のこと。
○揺落《もみぢ》　黄（紅）葉の散るさまをいう。○涼候《あき》　涼風の吹く時節。
○駕《のりもの》　陸上の乗り物。下の「舟」（水上の乗り物）と対をなす。
○社郎《むらをとこ》　村里の人、すなわち農夫をいう。下の「漁嬢」と対をなす。
○三夏《なつ》　陰暦にいう孟夏・仲夏・季夏のことで、夏の三ヵ月をさす。
○九陽《ひ》　太陽の意。「九」は「三夏」との数対として置かれている。または夏の九十日間をいうか。
○望《のぞ》みを海中に騁《は》す　海の美景を眺望《ちょうぼう》する意。漢文修辞のためもあり、文人趣味的な表現となっている。○扇《あふ》げば　波立つさまを扇ぐと見立てたか。
○鬱陶《おぼほ》しき煩《わづらひ》を祛《のぞ》き　心の中に鬱積《うっせき》した感情を浜風によって払い去る意。「おぼほし」は心の晴れやらぬさまをいう語。『万葉集』に「国遠き道の長路《ながて》をおぼぼしく今日や過ぎなむ言《こと》問《と》ひもなく」（巻五・八八四）などと見える。おぼぼし・おぼほしの清濁は不明。
○高浜に　上三句は波に寄せて歌い「寄す」を引き出すための序となっている。つまり「寄る」を契機として「波」から「子ら」に転換したもので、『肥前国風土記』逸文の杵島《きしま》岳の歌と共通する発想形式である。○子ら　「ら」は東国特有の接尾語で、筑波郡の歌に見える「夜ろ」の「ろ」と同じく親愛の意を添えるものという。

○寄らば　下に「寄らし」また「よけむ」が略されたもので、意志・願望を表す。同様な例は『万葉集』にも「伊香保《いかほ》ろの八尺《やさか》の堰塞《ゐで》に立つ虹《のじ》の顕《あらは》ろまでもさ寝《ね》をさ寝てば」（巻十四・三四一四）とある。

○下風騒《したかぜさや》ぐ　浜を這《は》うように吹き上げる風が木々（の葉）を動かして音を立てる意。風に誘われて女が恋しくなる意で次句につながる。「下風騒ぐ」にシタ（心）騒ぐをかけているとする『大系』の説は認めてよいと思われる。

○云はばや　「ばや」は願望の意。（妻と）呼んでみたいものだ。

○しことめしつも　この句諸説があり、今日「醜《しこ》と召《め》しつも」（彼女が私をシコとよんでお召しになったことよ）と訓むもの（『大系』他）もある。ここでは土橋氏の説に従って「醜乙《しこと》女《め》賤《しつ》も」と訓んだ（『古代歌謡論』）。民謡によく見られる悪口ことばと考えるのである。

○桑原《くわはら》の岳《をか》　遺称地なく不明。『大日本地名辞書』の挙げる新治郡玉里村の玉の井を、ここの井戸とする説もある。

○水部《もひとりべ》　「もひ」は水、また水などを入れる器の意。水部は天皇供御《くご》の飲料水や氷を管掌する部民。律令《りつりょう》制下では「主水司《もひとりのつかさ》」として宮内省に属していた。

○田余《たまり》　『和名抄』郷名部に「田余」と見える（高山寺本）。新治郡玉里村上玉里・下玉里付近という。

〈解説〉

前半部は例によって漢文修辞による潤色がはなはだしく、流麗な四六騈《しろくべんれい》麗文となっており、文人たちの大陸趣味的な遊楽を描いているかのようであるが、実際は高浜における村人たちの浜遊びであったことは、採録された二首の歌の内容からも容易に推測されるところである。二首ともに民謡に特有な発想形式を有していることは、土橋寛氏が『古代歌謡論』において詳しく論じておられるが、とりわけ前の歌において、「波」から「子（妹）」に転換する形式の顕著な例として氏の挙げられた東遊《あずまあそび》の駿河歌《するがうた》を、ここでも引用しておきたい。

や　有度浜《うどはま》に　駿河《するが》なる　有度浜に　打寄する波の　名にたゝて　波こそ寄れ　言《こと》にこそ　波とは言はめ　妹《いも》にこそ寄れ

（伴信友旧蔵・古本神楽歌東遊歌頭書所引　加茂神宮所伝東遊譜）

高浜の歌では「言《こと》にこそ波とは言はめ」の一句を持たないものの、発想形式はまったく同一であり、記紀歌謡にも類例があって、いわば民謡的発想である。また、後の歌は解釈上問題を残してはいるものの、両者共にその後句において笑い・滑稽《こっけい》の要素を含んでいる点にも民謡的性格を見ることができよう。

後半部は田余《たまり》の里の地名起源説明の形を採っているが、その内容の中心は、無論清泉を掘り出したことにある。古く井泉は実生活上の必要にとどまらず、信仰の対象ともされていたことは、すでに諸家によって明らかにされているところである。当国風土記においても井泉湧出《ゆうしゅつ》の記事が散見されるが、それらの多くが倭武《やまとたける》天皇の巡幸と結びつけられている点で、当国風土記における倭武天皇が、『記』『紀』にみるヤマトタケルと同質ではない、〈カミ〉的存在に近いものと意識されていたことが知られる。倭武天皇のことばに地名の由来を求めた田余《たまり》の里の一条は、『出雲国風土記』仁多《にた》郡の例（大穴《おおな》持《もち》命が「是はにたしき小国なり」と言ったことばを地名の起こりとする）などと重なり合うものであり、倭武天皇は大穴持命と相通う性格を持っていたといえよう。

八　行方《なめかた》郡　㈠

行方《なめかた》の郡《こほり》。東・南・西は並《とも》に流海《うみ》、北は茨城《うばらき》の郡なり。

古老の曰《い》へらく、難波《なには》の長柄《ながら》の豊前《とよさき》の大宮《おほみや》に馭宇《あめのしたしら》しめしし天皇《すめらみこと》の世《みよ》、癸丑《みづのとうし》の年に、茨城の国造《くにのみやつこ》、小乙下《せういつげ》壬生《みぶ》連麿《のむらじまろ》、那珂《なか》の国造《くにのみやつこ》、大建《だいけん》壬生《みぶ》直《のあたひ》夫子《をのこ》等《ら》、惣領《そうりやう》高向《たかむく》の大夫《まへつぎみ》・中臣幡織田《なかとみのはたおりた》の大夫等《まへつぎみら》に請《こ》ひて、茨城の地《くに》の八《や》里《さと》、那珂の地《くに》七里《ななさと》、合《あは》せて七百余《ななももへあまり》戸を割《さ》きて、別《わ》きて郡家《こほりのみやけ》を置けり。

行方《なめかた》の郡《こほり》と称《い》ふ所以《ゆゑ》は、倭武《やまとたける》の天皇《すめらみこと》、天下《あめのした》を巡《め》狩《ぐ》りて、海の北を征平《ことむ》けたまひき。是《ここ》に、此の国を経過《す》ぎ、即《すなは》ち、槻野《つきの》の清泉《しみづ》に頓幸《いでま》し、水に臨《のぞ》みて手《みて》を洗《あら》ひ、玉を井に落したまひき。今に行方《なめかた》の里《さと》の中に存《あ》りて、玉清《たまきよ》の井と謂《い》ふ。更《さら》に車駕《みこし》を廻《めぐ》らして、現原《あらはら》の丘に幸《いでま》し、御膳《みけつもの》を供《つか》へ奉《まつ》りき。時に、天皇、四《よも》を望《のぞ》みまして、侍従《おもとびと》を顧《かへりみ》て曰《の》りたまひしく、「輿《こし》を停《とど》めて徘徊《もとほ》り、目を挙《あ》げて騁望《ながむ》れば、山の阿《くま》、海の曲《わた》、参差《たがひ》委蛇《もこよ》ひ、峰の頭《ほとり》に雲を浮かべ、谿《たに》の腹に霧を擁《いだ》きて、物の色可怜《おもしろ》く、郷体甚愛《くにがたいとめづら》し。宜《うべ》、此の地《くに》の名を、行細《なめくはし》の国と称《い》ふべし」とのりたまひき。後の世、跡《あと》を追ひて、猶《なほ》行方《なめかた》と号《なづ》く。風俗《くにぶり》の諺《ことわざ》に、立雨零《たちさめふ》り、行方《なめかた》の国と云ふ。

其の岡高く敞《あらは》る。故《かれ》、現原《あらはら》と名づく。此の岡より降《くだ》りまして、大益河《おほやがは》に幸《いでま》して、艖《ふね》に乗りて上《のぼ》りましし時、棹梶《さをかぢ》折れき。因《よ》りて、其の河の名を無梶《かぢなし》河と称《い》ふ。此は則《すなは》ち、茨城《うばらき》・行方《なめかた》二つの郡の堺なり。河鮒《かはふな》の類《たぐひ》、悉《ことごと》に記すべからず。

〈現代語訳〉

行方《なめかた》の郡《こおり》。東、南、西はともに流海《うみ》。北は茨城《うばらき》の郡である。

古老が言うことには、「難波《なにわ》の長柄《ながら》の豊前《とよさき》の大宮に天《あめ》の下をお治めになられた天皇（孝徳天皇）の時代、癸丑《みずのとうし》の年に、茨城《うばらき》の国造《くにのみやつこ》で小乙下《しょういつげ》壬生《みぶ》連麿《のむらじまろ》、那珂《なか》の国造で大建壬生《だいけんみぶ》直夫子《のあたいおのこ》たちが、惣領《そうりょう》であった高向《たかむく》の大夫《まえつぎみ》、また中臣《なかとみの》幡織田《はたおりた》の大夫たちに請い願って、茨城の国造が所領する地の八つの里《さと》と那珂の国造が所領の地七里《さと》、合計七百余戸を割いて、別に一郡とし、郡衙《ぐんが》を設置した」という。

行方《なめかた》の郡と称するいわれは、（昔）倭武《やまとたける》の天皇が天下を巡幸され、海の北、すなわち今の常陸の地を平定された時、この（行方の）地をお通りになった。その時、わざわざ槻野《つきの》の清泉《しみず》にまで足をお運びになり、水に近寄って手をお洗いになった時、お持ちになっていた玉を井戸の中にお落としになった。（その井戸は）今もなお行方の里の中にあって、玉清《たまきよ》の井と称している。（さて天皇は）さらにお乗りものを巡《めぐ》して現原《あらはら》の丘《おか》にお行きになり、お食事を御用意してさしあげた。その時天皇は、四方をながめわたした後、お供《とも》の人々の方をふり返って、「乗物を止めて付近をぶらぶらと歩き、（ふと足をとめて）眼をあげて眺《なが》めやってみると、（この地は）山々のひだは出たり入ったりしながら重なり続き、海辺のひだは長くうねうねと続いている。（その）山の峰の頂には雲が浮かび、谷のあたりには霧がかかっている。風光はすばらしく、地の形には心惹《ひ》かれる。まことにこの地の名を行細《なめくわし》の国と称するべきである」と仰せになった。以来、後々の世まで、その仰せのままに行方《なめかた》と呼びならわしている。土地の人々の伝える言いならわしに、「立雨零《たちさめふ》り、行方《なめかた》の国」と言っている。

その岡は高く視界が開けている。それで現原《あらはら》と名づけている。（天皇は）この岡からお降りになって、大益《おおや》の河にお出ましになり、小舟にお乗りになって川をお上りになった時、舟の棹梶《さおかじ》が折れてしまった。それで、その河の名を無梶《かじなし》河と称する。この川は茨城・行方両郡の境界をなしている。川に産する鮒《ふな》などの類は、そのすべてを書ききれないほどに多い。

〈注〉

○行方《なめかた》の郡《こほり》　現在の行方郡とほぼ重なり合う地域。霞ケ浦に突き出した半島状の地で、この地により北浦と東浦に分けられている。『和名抄』郡名部に「行方奈女加多」とあり、同書郷名部に十六の郷名が見えている。

○癸丑《みづのとうし》の年　孝徳天皇の白雉《はくち》四（六五三）年。

○茨城の国造《くにのみやつこ》　茨城郡の記載によれば、多祁許呂《たけころ》命の子孫。

○小乙下《せういつげ》壬生《みぶ》連《のむらじ》麿《まろ》　「小乙下」は天智天皇三（六六四）年制定の冠位二十六階のうち第二十四階。〈解説〉の別表参照。壬生氏は皇子女の養育に関する諸雑用にあたった一族。「連《むらじ》」は、それら壬生の部民の統率者であることを示す姓《かばね》。

○那珂の国造《くにのみやつこ》　当郡板来村の条の記載によれば、建借間命《たけかしまのみこと》の子孫。

○大建《だいけん》　天智三年の冠位二十六階中の第二十五階。〈解説〉の別表参照。なお、当郡に見える「小乙下」「大建」とも天智三年制定のもの。ただし「小乙下」は、大化五（六四九）年制定の十九階中にも同じ名が見える。いずれにしろ、当郡が六五三年のこととしているのに、その官位が天智朝の六六四年のものに拠っているのは不審である。

○七百余戸《ななももへあまり》　大化改新詔の第三、また『養老令《ようろうりよう》』に「凡《およそ》五十戸ヲ為レ里スト」とあり、茨城・那《な》珂《か》の両郡十五里では七百五十戸になる。なお、当郡設置の前年の白雉《はくち》三年に戸籍が作られており、その条にも「凡五十戸為レ里」とあって、この戸籍作成と当郡設置とは何らかのつながりがありそうである。

○　郡家《こほりのみやけ》　行方郡麻生町付近にあったと推定されている。

○海の北　海は霞ケ浦を指す。よって「海の北」とは霞ケ浦の北方の地、つまり常陸国をいう。なお『宋書倭国《わこく》伝』に見える倭王武の上表文《じょうひょうぶん》中の「海北」と同義とみて、漠然《ばくぜん》と東北地方をさすとする説もある（『東洋文庫』）。

○槻野《つきの》の清泉《しみつ》　遺称地はないが、行方郡麻生町井上（『和名抄』に「井上郷」）付近という。

○玉を井に落したまひき　『大系』は「落」を「栄」と改めて「玉もちて井を栄《さきは》へたまひき」と訓む。

○現原《あらはら》の丘　行方郡玉造町現原を遺称地とする。『和名抄』に「荒原」とある。

○四《よも》を望《のぞ》みまして　国状視察であるとともに、いわゆる国見の儀礼であったと考えられる。

○山の阿《くま》　「山阿参差、海曲委蛇」の二句を置換している。

○委蛇《もこよ》ひ　『日本紀私記』（乙本）に「逶虵」を「毛古与布《もこよふ》」と訓むのに従う。うねうねと蛇のように動く（続く）意。

○行細《なめくはし》の国　山と海（自然）の配置が精妙である意か。「行細」を「なめかた」と訓むのは無理であろう。ここでは、「なめかた」は「なめくはし」の転訛《てんか》であるとみておく。

○立雨零《たちさめふ》り行方《なめかた》の国　「立雨零り」が「行方」にかかる枕詞（称辞）的性格を持つと思われ

るが、そのかかり方未詳。「立雨」は俄雨《にわかあめ》の意で、その雨脚が同方向に並んでいる意で、ナメ（並）から行方《なめかた》にかかるとする説（『大系』）は無理であろう。タチサメとナメの音の類似とする説（『東洋文庫』）も、サメとナメの間に「零り」が入っている点に問題がある。ナメは「滑」の意であろうか。○**高く敞《あらは》る**　「敞」は高く平らな地をいう。○**大益《おほや》河《がは》**　遺称地なく不明。○**河鮒《かはふな》**　「河」を「鯉」に改める諸本が多い。「河鮒」は河に産する魚類を総称したものか。

〈解説〉

まず読解の参考までに、古代の冠位・位階制の変遷を図表化して示す。（大化五年・天智三年・天武十四年のものに限る）

大化五年	大織	小織	大繡	小繡	大紫	小紫		
天智三年	大織	小織	大縫	小縫	大紫	小紫		
天武十四年	明				浄			
	正							
	大壱	広壱	大弐	広弐	大参	広参	大肆	広肆
大宝令	一品		二品		三品			
	正一位	従一位	正二位	従二位	正三位	従三位		

大花 上 下	小花 上 下	大山 上 下
大錦 上 中 下	小錦 上 中 下	大山 上 中 下

明	浄															
直								勤								
大壱	広壱	大弐	広弐	大参	広参	大肆	広肆	大壱	広壱	大弐	広弐	大参	広参	大肆	広肆	大

四品			
正四位 上 下	従四位 上 下	正五位 上 下	従五位 上 下

正六位 上 下	従六位 上 下

小山　上　下	大乙　上　下　小乙　上　下	
小山　上　中　下	大乙　上　中　下　小乙　上　中　下	大建
務　広壱　大弐　広弐　大参　広参　大肆　広肆	追　大壱　広壱　大弐　広弐　大参　広参　大肆　広肆	大壱　広壱
七位　正　上　下　従　上　下	八位　正　上　下　従　上　下	大　上

立身			
小建			
大広弐	進	大広参	大広肆
下	初位	上	少 下

（日本古典文学大系『日本書紀・下』所載の表に基づいたものである）

風俗《くにぶり》の諺にいう「立雨零《たちさめふ》り行方《なめかた》の国」について、「立雨零り」と「行方《なめかた》」とのつながり方についての諸説は〈注〉に挙げたが、いずれも問題がある。思うに、行方《なめかた》のナメは、「滑」の意か。「滑」はなめらかなこと（もの）を意味する語である。この地の地形について、当国風土記は漢文修辞の文で「山の阿《くま》、海の曲《わた》、参差委蛇《たがひもこよ》ひ」と表現しているのは、「滑」すなわち山際も海岸線もなめらかにうねうねと続いていることをいうのではあるまいか。「行方」を「行細《なめくはし》」と元は呼んだというのも、そのなめらかにうねる様を「くはし」、すなわちうるわしく秀れていると見ての命名であったかと思われる。だとすれば、『全書』が説くように「雨が降ってなめらかになる意」とするのが、最も当を得ていると思われる。

九　行方郡《なめかた》㈡

無梶河《かちなしがは》より部陲《くにのはて》に達《いた》りたまひしに、鴨《かも》の飛び度《わた》る有り。天皇、射《い》たまひしに、鴨迅《と》く弦《ゆづる》に応《あた》りて堕《お》ちき。其の地《ところ》を鴨野《かもの》と謂《い》ふ。土壌塉埆《つちやせ》て、草木生《お》ひず。野の北に、櫟《いちひ》・柴《くぬぎ》・鶏頭樹《かへるで》等《など》の木、往々《よりより》森々《しげ》りて、自《おのづか》ら山林を成《な》せり。即《すなは》ち、枡《ます》の池有り。此は高《たか》向《むく》の大夫《まへつぎみ》の時、築《つ》きし池なり。北に香取《かとり》の神子《みこがみ》の社《やしろ》有り。社《やしろ》の側《かたはら》の山野は、土壌腴《つちこ》衍《え》て、草木密生《しげ》れり。

郡の西に津済《わたり》あり。謂《い》はゆる行方《なめかた》の海なり。海松《みる》、及塩《またしほ》を焼く藻《も》生《お》ふ。凡《すべ》て、海に在《あ》る雑《くさぐさ》の魚は、載《の》するに勝《た》ふべからず。但《ただ》、鯨鯢《くぢら》の如《ごと》きは、未《いま》だ曾《かつ》て見《み》聞《き》かず。

郡の東に国社《くにつやしろ》あり。此《こ》を県《あがた》の祇《かみ》と号《なづ》く。社《もり》の中に寒泉《しみづ》あり。大井《おほゐ》と謂《い》ふ。郡に縁《よ》れる男女、会集《つど》ひて汲《く》み飲《の》めり。

郡家《こほりのみやけ》の南の門《かど》に一つの大きなる槻《つき》有り。其の北の枝、自《おのづか》ら垂《た》りて地《つち》に触《ふ》り、還《かへ》りて空中《そら》に聳《そび》ゆ。其の地《ところ》に、昔、水の沢《さは》有りき。今も霖雨《ながあめ》に遇《あ》へば、庁《まつりごと》の庭《には》に湿潦《みづたま》れり。郡の側《かたはら》の居邑《むら》に、橘樹《たちばな》生《お》へり。

郡より西北《いぬゐ》のかたに提賀《てが》の里《さと》あり。古《いにしへ》、佐伯《さへき》有り、手鹿《てが》と名づく。其の人の居為《すみか》れば、追《お》ひて里に着《つ》く。其の里の北に、香《か》島《しま》の神子《みこがみ》の社《やしろ》在《あ》り。社の周《めぐり》の山野は地《つち》沃《こ》えて、艸木は椎《しひ》・栗《くり》・竹《たけ》・茅《ち》の類《たぐひ》、多《さは》に生《お》へり。此《これ》より以北《きた》に、曾尼《そね》の村あり。古《いにしへ》、佐伯《さへき》有り、名を疏禰毗古《そねびこ》と曰《い》ひき。名を取りて村に着《つ》く。今、駅家《うまや》を置く。此《こ》を曾尼《そね》の駅《うまや》と謂《い》ふ。

〈現代語訳〉

（倭 武《やまとたける》の天皇が）無梶河《かじなしがわ》から郡境の地まで行きつかれたところ、鴨の飛び渡るのがお目にとまった。天皇が射られるや否や弦《ゆづる》の音に応じて鴨がただちに地に堕《お》ちてきた。（それゆえ）その地を鴨野《かもの》という。（この地は）土壌がやせていて草木が生《は》えない。鴨野の北方には、櫟《いちい》・柴《くぬぎ》・鶏頭樹《かえるで》などの木々があちこちに丈《たけ》高く生い繁っていて、自然に山林となっている。（そこに）枡《ます》の池がある。これは高向《たかむく》の大夫《まえつぎみ》の時に築造された池である。（その池の）北に香取の神の子神《みこがみ》の社《やしろ》がある。社《やしろ》の傍《そば》の山野は土地が肥えていて、草木が密生している。

郡衙《ぐんが》の西方に渡船場がある。（そこは）いわゆる行方の海である。海松《みる》、また塩を焼く藻《も》が生えている。いったい、この海に棲《す》んでいるさまざまな魚類については、ここに記載できないほど多い。ただし、鯨鯢《くじら》のようなものは、いまだかつて見聞きしたことはない。

郡衙の東方に国《くに》つ神の社《やしろ》がある。これを県《あがた》の祇《かみ》という。その社《もり》の中に清泉があり、大井《おおい》という。郡衙の近くに住んでいる男女たちは、この井戸のもとに寄り集まり、その水を汲んで飲む。

郡役所の南門のところに一本の大きな槻《つき》の木がある。その北側の枝は、自然に垂れ下って地面に触れ、そこからもう一度空に向かってそびえ立っている。ここには昔、沼沢があった。(それで)今でも雨が続くと、郡役所の庭には水がたまってしまう。郡衙《ぐんが》の傍らの村里には、橘《たちばな》の樹が生えている。

郡衙より西北方のところに提賀《てが》の里《さと》がある。昔、手鹿《てが》という名の佐伯《さえき》が住んでいた。その人が住んでいたところから、後の代になって里の名に着けたものである。その里の北方に香《か》島《しま》の神の子神《みこがみ》の社《やしろ》がある。社《やしろ》の周囲の山野は土が肥えていて、生えている草木は、椎《しい》・栗《くり》・竹《たけ》・茅のたぐいがたくさん生えている。ここ(提賀《てが》の里)から北方に、曾《そ》尼《ね》の村がある。昔、疏《そ》禰《ね》毗《び》古《こ》という名の佐伯《さえき》が住んでいた。その名をとって村の名に着《つ》けた。今ここに駅家《うまや》を設けている。これを曾《そ》尼《ね》の駅《うまや》という。

〈注〉

○部《くにの》陲《はて》　「部」は国、「陲」は辺境の意。ここでは当郡の郡境の地を指す。

○弦《ゆづる》に応《あた》りて　鴨《かも》を射るため矢を発した時の弓の弦《つる》の音と同時に、の意。

○鴨野《かもの》　行方郡玉造町加茂を遺称地とする。

○櫟《いちひ》　この字はまたクヌギ、ナラとも訓まれている。今『和名抄』に「櫟子伊知比」とあるのに従う。材が堅く建材・器材として用いられる他、実は食用また酒に作られた。
○柴《くぬぎ》『新撰字鏡《しんせんじきょう》』では「櫪」に「クヌギ」の訓がある。「柴《しば》」と訓めば燃料・垣《かき》などに用いる雑木の総称となる。○鶏頭樹《かへるで》『和名抄』に「雞冠木賀倍天乃木——（中略）——雞頭樹加比留提乃木」とある。今日のカエデの総称。葉が蛙の手に似るところからの命名。
○森《し》々《げ》りて　丈高く繁茂するさまをいう。
○枡《ます》の池　行方郡玉造町芹ガ沢蕨にある升ノ池を遺称地とする。
○香取の神子《みこがみ》の社《やしろ》　現千葉県香取郡にある香取神宮の祭神、経津主《ふつぬしの》神の分祠。玉造町芹ガ沢捻木・若海両地に香取神を祀《まつ》る社があるという（『大日本地名辞書』）。○津済《わたり》　行方郡麻生町行方西方の霞ケ浦に臨《のぞ》む地をいうか。
○海松《みる》『和名抄』に「水松美流・海松」とある。海藻《かいそう》の一で食用。
○塩《しほ》を焼く藻《も》　古代の製塩法は、海藻《かいそう》を集めて干し、それに海水をかけた上で藻《も》を焼いて水に溶かし、その上澄みを釜で煮て塩をとった。
○鯨鯢《くぢら》『新撰字鏡』によれば「鯨」は雄のクジラ、「鯢」は雌のクジラをさす。クジラ・クヂラの用字はなお疑問とされている。古くからその肉を食用とした。
○国 社《くにつやしろ》　天神《あまつかみ》の社に対するもので国神《くにつかみ》を祀《まつ》る神社。土着先住者の奉じた神。あるいは国 造《くにのみやつこ》によって祀られていたか。
○県《あがた》の祇《かみ》「県」は郡制以前の呼称。麻生町行方に国神社があるという。天神《あまつかみ》に対する地祇《くにつかみ》の意で「祇」字が用いられている。

○社《もり》　神々の憑《よ》りつく木々の繁った所。またその木をいう。神域である。
○大井《おほゐ》　麻生町行方オモイを遺称地とする。
○槻《つき》『新撰字鏡』に「槻豆支」とある。今日のケヤキを指すという。多く弓の材として用いられた。
○橘樹《たちばな》『和名抄』に「橘、一名金衣、太知波奈」とある。ミカンに似た小さな実が成るが、ほとんど食用とはならない。その芳香・常緑が珍重されたようである。
○提賀《てが》の里《さと》　行方郡玉造町手賀を遺称地とする。『和名抄』郷名部に「提賀」と見える。
○香島《かしま》の神子《みこがみ》の社《やしろ》　香島郡の香島神宮の分祠。玉造町にある玉造大宮明神社をそれとする。
○艸木『大系』など「柴」字とするが、後掲の草木名を言うのに「草木は」と提示の語句を出したと解した。
○椎《しひ》『本草和名』に「椎子之比」とある。木は巨樹となり、実は食用。
○茅《ち》の類《たぐひ》『和名抄』に「茅、一名白羽草、知」とある。春、花穂を生じ（ツバナという）食用とする。また地下茎（茅根《ちのね》）は薬用とする。茅草《ちがや》には厄除けの効果があると信じられていた。
○曾尼《そね》の村『和名抄』郷名部に「曾禰」と見えるが、遺称地はない。
○曾尼《そね》の駅《うまや》『兵部式』及び『和名抄』の駅名の中には見えない。『大系』は常陸国府から霞ケ浦を経て行方郡に通ずる公の交通路にあった水駅《みずうまや》としている。

〈解説〉

この段には、当時あった動植物等の名が多数見られる点に注意したい。挙げられているのは、櫟《いちい》・柴《くぬぎ》・鶏頭樹《かえるで》・海松《みる》・槻《つき》・橘《たちばな》・椎《しい》・栗《くり》・竹《たけ》・茅《ち》、また塩を焼く藻《も》・鯨鯢《くじら》も記されている。これらの産物は、いずれも実用目的を持っており、単なる鑑賞のためのものではなかったことに注意すべきである。あるものはその実や肉を食用とし、また建材・器材として、また薬用に、と、各々が何らかの形で実用に供されていたのである。当国風土記の筆録者が大陸文化的な文人趣味を持っていたことは、その文辞からも十分うかがえるが、それでいながら実用品目の産物名を列記しているところに、在地の人々の自然の産物に対する目、また律令官人としての筆録者が、官命にいう「銀銅彩色草木禽獣《きんじう》魚虫等物具《つぶさニ》録ス二色目ヲ一」を意識していたことが知られよう。「海に在《あ》る雑《くさぐさ》の魚は、載《の》するに勝《た》ふべからず」の一文も、官命を意識しての言であると思われる。

これらの中で、橘《たちばな》は、「非常香果《ときじくのかくのこのみ》」（『紀』）とも呼ばれ、多遅摩毛理《たじまもり》が常世《とこよ》の国から持ち帰ったものとされ（『記』）、背景に神話的伝承を持つものであり、また茅は、『備後《びんご》国風土記』逸文《いつぶん》に、「後の世に疫気《えやみ》あらば、――（中略）――茅《ち》の輪《わ》を以《も》ちて腰《こし》に着《つ》けたる人は免《まぬが》れなむ」とあるように、災厄を除くものと信じられた特別な植物で、今日なお祇園社をはじめあちこちの神社で、茅の輪くぐりなどの神事が行われている。

十　行方郡《なめかた》（三）

古老《ふるおきな》の曰《い》へらく、石村《いはれ》の玉穂《たまほ》の宮《みや》に大八洲《おほやしま》所馭《しらしめ》しし天皇《すめらみこと》の世《みよ》に、人有り。箭括《やはず》の氏《うぢ》麻多智《またち》といふ。郡より西の谷の葦原《あしはら》を点《み》て、墾闢《ひら》きて新《あらた》に田を治《は》りき。此の時、夜《や》刀《と》の神、相群《あひむ》れ引率《ひきゐ》て、悉尽《ことごと》に到来《きた》り、左右《かにかく》に防障《さ》へて、耕佃《たつく》ることなからしめき。俗《くにひと》の云はく、蛇《へみ》を謂《い》ひて夜刀《やと》の神と為《な》す。其の形は蛇の身にして、頭《かしら》に角《つの》あり。率引《ひきゐ》て難《わざはひ》を免《まぬが》るる時、見る人有らば、家門を破滅《ほろぼ》し、子孫継《つ》がず。凡《すべ》て此の郡の側《かたはら》の郊原《のはら》に甚多《いときは》に住めりといふ。

是《ここ》に、麻多智《またち》、大《おほ》きに怒《いかり》の情《こころ》を起《お》こし、甲鎧《よろひ》を著被《つ》けて、自身《みみづか》ら仗《ほこ》を執《と》りて、打殺《うちころ》し駈逐《おひや》らひき。乃《すなは》ち、山《やま》の口《くち》に至《いた》り、標《しるし》の梲《つゑ》を堺の堀《ほり》に置《た》て、夜刀《やと》の神に告げて云《い》ひしく、「此より以上《かみ》は神の地《ところ》と為《な》すことを聴《ゆる》さむ。此より以下《しも》は人の田と作《な》すべし。今より以後《のち》、吾《われ》、神の祝《はふり》と為《な》りて、永代《とこしへ》に敬《ゐやま》ひ祭《まつ》らむ。冀《ねが》はくは、祟《たた》ることなく、恨《うら》むることなかれ」といひて、社《やしろ》を設《ま》けて、初《はじ》めて祭《まつ》りき、といへり。即《すなは》ち、還《また》、耕田《つくりた》一十町余《あまり》を発《おこ》し、麻多智《またち》の子孫《すゑ》、相承《あひう》けて祭《まつり》を致《いた》し、今に至るまで絶えず。

其の後《のち》、難波《なには》の長柄《ながら》の豊前《とよさき》の大宮《おほみや》に臨軒《あめのしたしら》しめしし天皇《すめらみこと》の世《みよ》に至りて、壬生連《みぶのむらじ》麿《まろ》、初めて其の谷を占《し》めて、池の堤《つつみ》を築《つ》かしめき。時に、夜刀《やと》の神、池の辺《ほとり》の椎株《しひのき》に昇《のぼ》り集《つど》ひ、時を経《ふ》れども去《さ》らず。是《ここ》に、麿《まろ》、声を挙《あ》げて大言《たけ》びけらく、「此の池を修《をさ》めしむるは、要《かなら》ず民《たみ》を活《い》かすに在《あ》り。何の神《あまつかみ》、誰《いづく》の祇《くにつかみ》ぞ、風化《おもむけ》に従はざる」といひて、即《すなは》ち、役民《えだちのたみ》に令《の》りて云《い》ひしく、「目に見ゆる雑《くさぐさ》の物、魚虫の類《たぐひ》は、憚《はばか》り懼《おそ》るる所なく、随尽《ことごと》に打ち殺せ」と言ひ了《をは》れば、応時《たちまち》に、神《あや》しき蛇《へみ》、避《さ》け隠《かく》りき。

謂《い》はゆる其の池《いけ》は、今、椎井《しひゐ》の池《いけ》と号《なづ》く。池の面《つら》に椎株《しひのき》あり。清泉《しみづ》の出づる所なれば、井《ゐ》を取りて池に名づく。即《すなは》ち、香島《かしま》に向《むか》ふ陸《くが》の駅道《うまやぢ》なり。

〈現代語訳〉

古老は伝えて次のように言っている。—石村《いわれ》の玉穂《たまほ》の宮に大八洲《おおやしま》をお治めになられた天皇（継体《けいたい》天皇）の時代に、箭括《やはず》の氏麻多智《うじまたち》という人がいた。この人が郡衙《ぐんが》の西方にある谷を占有して、ここを開墾して新たに田をひらいた。この時、夜刀《やと》の神が群れをなし、それぞれ仲間を引き連れて、全部がここにやってきて、あれこれとさまざまな妨害をし、田の耕作をさせなかった。土地の人々の言うことには、「蛇のことを夜刀《やと》の神という。その形は、からだは蛇で、頭に角がある。蛇の害を受けないように引き連れて逃げて行く時、（その中にもし一人でも）蛇のことを見る人があれば、その人の一家一門は破滅し、子孫も断絶してしまう。おおよそ、（この蛇は）この郡衙のそばの野原に、非常にたくさん棲んでいる」という。

さて、かの麻多智《またち》は（この夜刀《やと》の神の所業を）たいそう怒り、甲鎧《よろい》に身を固め、自身で仗《ほこ》を手に取り持ち、（夜刀《やと》の神を）打ち殺し追放した。それから、麻多智《またち》は山の登り口にやってきて、標識として大きな杖《つえ》を境界の堀に立てて、夜刀《やと》の神に告げて言うには、「ここから上は神の土地とすることを許そう。だが、ここから下は人間の田とする。今後私は神を祀《まつ》るものとなって、永《なが》く敬い祭ってやろう。だからどうか祟《たた》らないでくれ、また恨まないでくれ」と言って、ここに社《やしろ》を設け、初めて（夜刀《やと》の神を）祭ったのだ―と。そういうわけで、また耕田十町あまりを開墾し、麻多智《またち》の子孫が代々受け継いで祭をとり行い、今に至るまで絶えることなく続いている。

その後、難波《なにわ》の長柄《ながら》の豊前《とよさき》の大宮に天の下をお治めになられた天皇（孝徳天皇）の時代になって、壬生連麿《みぶのむらじまろ》が初めてその谷を占有して、池の堤を築造させた。その時、夜刀《やと》の神が池のほとりの椎《しい》の木に昇《のぼ》り集まって、いつまでたっても去らなかった。そこで麿《まろ》が大声を出して叫んで言うには、「この池の修理をするのは、要するに人々を活《い》かすためなのだ。それなのに、いったいどこのどういう神が大君《おおきみ》の教化に従わないのか」と言って、すぐさま工事にあたっていた人夫たちに命じて、「目に見えるかぎりのすべての物は、魚でも虫でも、恐れることはないから、いっさい打ち殺せ」と言った。そのことばが終わるやいなや、たちまちに神蛇は避けて隠れてしまった。

ここに言う池は、今は椎井《しいい》と名づけている。池のそばには椎の木があって、そこには清泉《しみず》が湧《わ》き出ているので、その（清泉の）井の方にちなんで池の名としているのである。さて、ここは、陸路で香《か》島《しま》に向う駅馬の通る道にあたっている。

〈注〉

○**箭《や》括《はず》の氏《うぢ》麻《ま》多《た》智《ち》**　この氏《うぢ》の名称、他書に見えない。おそらくは矢集連と同じく弓矢などの武（戦）力と関係を持つ氏族と考えられる。麻多智は名。あるいは武力そのものを具像化したものか。なお箭《や》括《はず》は、矢の上端の弦を受ける部分のこと。

○**夜《や》刀《と》の神**　後文の注記によれば蛇神という。ヤトは東国地方の方言にいうヤツ・ヤチと同語で、谷戸、すなわち谷合いの低湿地帯をさす。ヤトには蛇が多く棲んでいたことによるか。

『大系』は「ヤツ」と訓むが、ここでは旧訓に従った。

○**防障《さ》へて**　人間がその地に入る（田を開く）のを妨害して、の意。

○**頭《かしら》に角《つの》あり**　那賀郡角折浜の条にも、蛇に角があったと記している。

○**率引《ひきゐ》て難《わざはひ》を免《まぬが》るる時**　原文「率紀免難」とあり、訓に諸説ある。ここでは『大系』の訓に従って、人々が一団となって蛇の難から逃れようとする時、の意に解しておく。『東洋文庫』が「紀」を「杞《かわやなぎ》」の誤りとみて、杞は蛇を避ける呪力を持っていた植物であったかとするのも成り立ち得るか。

○**見る人有らば**　一団の中でもし一人でも蛇の方をふり返って見る人がいれば、の意か。ふり返ってはいけないという禁忌があったか。

○**標《しるし》の梲《つゑ》**　境界、つまり神の土地と人の土地とを区別するために、しるしとして立てる杖《つえ》のこと。「梲」は大きい杖をいう。『播磨国風土記《はりまのくにふどき》』には「伊和《いわ》の大神、国占《くにし》めましし時、御志《みしるし》を此処《ここ》に植《た》てたまふに、遂《つひ》に楡《いはなし》の樹生《きお》ひき」（揖保《いひぼ》郡林田里）などとあり、古代、杖は土地占有を標示するものとして、呪力《じゅりょく》・神性を有するものと考えられていた。

○**此より以上《かみ》は**　以下の麻多智《またち》の言は、杖を衝《つ》き立てる儀礼と共に、神なる蛇に対して唱えられた祝詞《のりと》のようなものと考えられる。

○**神の祝《はふり》**　神に仕え神祭りをする者。

○**社《やしろ》を設《ま》けて**　行方郡玉造町新田にある夜刀神社がそれであるという。

○**発《おこ》し**　開発・開墾の意。あるいは「ひらき」と訓むべきか。

○**今**　当国風土記筆録時を指す。

○**壬生連麿《みぶのむらじまろ》**　前文に既出。茨城国造《くにのみやつこ》で行方郡をたてた人物。○**池**　灌漑用の農業用水池をいうか。

○**椎株《しひのき》**　原文に「椎槻」とあるが、下文に「椎株」とあるので「槻」を「株」に改めた。「椎樹」とする説もある。

○**大言《たけ》びけらく**　憤怒して怒号したのである。○**風化《おもむけ》**　朝廷の政治施策。天皇の徳化。

○**役民《えだちのたみ》**　課役としての公けの労役に従事する農民。ここでは池の堤築造に従事する人々をいう。令《りょう》の規定によれば、正丁《せいちょう》は一年に十日の労役が義務づけられていた。なお「役民」の字は『万葉集』に「藤原宮之役民作歌《ふじわらのみやのえのたみのつくるうた》」（巻一・五〇）と見える。
○応時に《たちまち》　……するや否や、の意。
○椎井の池と号く《しひゐのいけとなづく》　原文「椎井也」とあるが、地名起源説明の型として記しており、ここは池の名であるから「也」を「池」の誤りとする。椎井池は遺称地なく不明。
○面《つら》　「西」、また「回」の誤写とする説もあるが、原文「面」のままで、近辺、側面の意とする。
○井を取りて池に名づく《ゐ》　椎の木に蛇神の群がったことにちなむのではなく、清泉（井）にちなんで池の名とした、の意。
○陸の駅道《くがのうまやぢ》　霞ケ浦を渡るのではなく、陸路で香島郡に至る公道であることをいう。

〈解説〉

この話は、蛇《へび》に対する古代人の意識と、神なる蛇に対した二人の人間の対し方の相違が問題となる。

夜刀《やと》の神は蛇そのものであった。蛇はこの話に見るように、祟《たた》りをなし人に恐れられる一面を持っていると同時に、人に福をもたらすものとも考えられていた。いわば蛇は〈モノ〉でもあり〈カミ〉でもあった。『崇神紀《すじんき》』の三輪山《みわやま》神婚説話、また当国風土記那賀《なか》郡の晡時臥《くれふし》山の条などによっても知られる通り、〈カミ〉なる蛇は〈ヒト〉のもとにやってくる存在であった。また、ヤトは谷合いの低湿地を意味するが、蛇がヤトの神と呼ばれているように、蛇神はまた水神として信仰され、さらには晡時《くれ》臥《ふし》山の条のように竜神・雷神とも考えられていた。神の使い（下僕《げぼく》）としての蛇ではなく、蛇そのものが〈カミ〉と意識されているところに、この話の信仰の古さがうかがわれるようである。

次に箭括《やはず》の麻多智《またち》と壬生連麿《みぶのむらじまろ》の二人の、蛇神に対する対し方の問題を考えてみよう。『風土記』の記述をそのままに受け取るならば、麻多智は継体《けいたい》朝、つまり六世紀初頭に生きていた人物であった。その彼は祟《たた》りをなす蛇神に対して、武器をとってこれを退治する一方で、蛇神の存在を認め、わざわざ標を立てて〈カミ〉と〈ヒト〉との区別を行っている。すなわち、ここには、〈カミ〉が常に〈ヒト〉の上に位置するもの、〈カミ〉は〈ヒト〉にとって絶対的な存在であった時期から一歩発展した、〈カミ〉と〈ヒト〉とは対等であるとする意識が見られる。と同時に、〈ヒト〉は時として〈カミ〉に対して戦うこともあるものの、やはりなお〈カミ〉は〈ヒト〉によって祀《まつ》られるべき存在であったことも記されている。その蛇神を、一方では打ち殺しながら、また一方では社を設け、自らこれを祀った麻多智は、まさに〈カミ〉を祀《まつ》ることによって耕田を手にし、子孫の繁栄を我が物とすることができたのであった。

ところが、これから約百五十年を経て、ふたたび蛇神と対した壬生連麿《みぶのむらじまろ》は、もはや蛇を蛇としてしか見ておらず、〈カミ〉として祀《まつ》るべき対象とはまったく見ていない。彼は小乙《しょういつの》下《げ》の官位を有する紛れもない律令《りつりょう》官人であり、彼にとっての〈カミ〉は、おそらくは『記』

『紀』が示すような、天皇家に直接つながるとされたアマテラスであり、〈カミ〉は高天原《たかまがはら》にあるものであった。それ故に、蛇神のごとき〈カミ〉は〈ヒト〉によって制圧されるべきものでしかなかったのである。しかも彼は自ら蛇神に立ち向かったのではなく、令《りょう》制下において徴集された役民《えだちのたみ》を使って退治させているのであり、どこまでも律令制下の郡大領として行動している。彼にこうした態度を取らせたものは、他でもない「風化《おもむけ》」、つまり天皇の権威であり、いかなる〈カミ〉も天皇の前にあっては服従すべきものであることを、堂々と公言してはばからないのである。ここに、〈ヒト〉によってその権威を次第に失って行く〈カミ〉の姿を見てとることができよう。

にもかかわらず、蛇神を祀《まつ》る神の社は「今」なお存在し、土地の人々によって祀られ続けているのである。役民《えだちのたみ》として蛇退治にあたった農民たちもまた、壬生連麿《みぶのむらじまろ》のように蛇を退治してそれで事が済《す》むとは考えなかったであろう。律令《りつりょう》制の導入、またそれによって天皇の権威がどれほど強大なものになろうとも、なお村々の信仰においては、蛇神といえども〈カミ〉は祀《まつ》るべきものであり、祀ることによって祟《たた》りをしずめ、繁栄が得られるのだとする考え方が生き続けていたところを見逃してはならない。

十一　行方《なめかた》郡 ㈣

郡の南七里に、男高《をたか》の里《さと》あり。古《いにしへ》、佐伯《さへき》、小高《をたか》といふもの有りき。其の居《す》める処《ところ》為《な》れば、因《よ》りて名づく。国宰《くにのみこともち》、当麻《たぎま》の大夫《まへつぎみ》の時、築《つ》きし池、今も路《みち》の東に存《あ》り。池より西の山に、猪《ゐ》・猿《さる》大《さは》に住み、艸木《くさき》多く密《しげ》れり。南に鯨岡《くぢらをか》有り。上古之時《いにしへ》、海鯨《くぢら》、匍匐《はらば》ひて来《きた》り臥《ふ》せりき。即《すなは》ち、栗家《くりや》の池有り。其の栗大《おほ》きなれば、池の名と為《な》せり。北に香取《かとり》の神子《みこがみ》の社《やしろ》有り。

麻生《あさふ》の里《さと》。古昔《いにしへ》、麻、渚沐《なぎさ》の涯《きし》に生《お》へりき。囲《かく》み、大きなる竹の如《ごと》く、長さ、一丈《ひとつゑ》に余《あま》りき。里《さと》を周《めぐ》りて山有り。椎《しひ》・栗《くり》・槻《つき》・櫟《いちひ》生ひ、猪《ゐ》・猴《さる》栖住《す》めり。其の野より勅《すち》馬《うま》を出だす。飛鳥《あすか》の浄御原《きよみはら》の大宮《おほみや》に臨軒《あめのしたしら》しめしし天皇《すめらみこと》の世《みよ》、同じき郡《こほり》の大生《おほふ》の里《さと》の建部袁許呂命《たけるべのをころのみこと》、此の野の馬を得て、朝廷《みかど》に献《たてまつ》りき。謂《い》はゆる行方《なめかた》の馬なり。或《ある》もの茨城《うばらき》の里《さと》の馬と云ふは非《あら》ず。

郡の南二十里に、香澄《かすみ》の里《さと》あり。古き伝《つたへ》に曰《い》へらく、大足日子《おほたらしひこ》の天皇《すめらみこと》、下総《しもつふさ》の国の印波《いなみ》の鳥見《とみ》の丘に登りまして、留連《とどま》り遙望《のぞ》みたまひ、東を顧《かへりみ》て、侍臣《おもとひと》に勅《みことのり》したまひしく、「海は即《すなは》ち青波《なみ》浩行《ただよ》ひ、陸《くが》は是《こ》れ丹霞空朦《かすみたなび》けり。国は其の中より朕《わ》が目に見ゆ」とのりたまひき。時の人、是に由《よ》りて、霞《かすみ》の郷《さと》と謂《い》へりと。東の山に社《もり》有り。榎《えのき》・槻《つき》・椿《つばき》・椎《しひ》・竹《たけ》・箭《やだけ》・麦門冬《やますげ》、往々《よりよりさは》に生へり。此の里より以西《にし》の海の中の北の洲《す》を、新治《にひはり》の洲《す》と謂《い》ふ。然称《しかい》ふ所以《ゆゑ》は、洲の上に立ちて、北の面《おも》を遙望《のぞ》めば、新治《にひはり》の国の小《を》筑波《つくは》の岳《やま》見ゆ。因《よ》りて名づくるなり。

此より往南《みなみ》十里に板来《いたく》の村あり。近く海浜《うみべ》に臨《のぞ》みて、駅家《うまや》を安置《お》けり。此を板来《いたく》の駅《うまや》と謂《い》ふ。其の西、榎木《えのき》、林を成せり。飛鳥《あすか》の浄見原《きよみはら》の天皇《すめらみこと》の世《みよ》、麻続王《をみのみこ》を遣《や》らひて居《を》処らしめき。其の海に、塩を焼く藻《も》・海松《みる》・白貝《おふ》・辛螺《にし》・蛤《うむぎ》、多《さは》に生《お》へり。

〈現代語訳〉

郡衙《くんが》の南方七里のところに男高《おたか》の里《さと》がある。昔、ここには佐伯《さえき》で（名を）小高《おたか》というものが住んでいたので、それによって（里《さと》の）名につけた。常陸の国宰《くにのみこともち》、当麻《たぎま》の大夫《まえつぎみ》の時代に築造した池が、今も街道の東にある。その池から西方にある山には、猪《いのしし》や猿《さる》がたくさん棲《す》んでおり、草木もびっしり生い繁っている。またその池の南には鯨岡《くじらおか》がある。昔、海鯨《くじら》が腹這《はらば》いながらここにやってきて、そのまま臥《ふせ》ってしまった。その地には栗家《くりや》の池がある。（そこに産する）栗の実が大きくりっぱなので、（それにちなんで）池の名としたものである。また（当麻の大夫の池の）北には、香取《かとり》の神の子神《みこがみ》の社《やしろ》がある。

麻生《あそう》の里《さと》。昔、麻が沢の水際《みぎわ》に生えていた。その麻の幹の太さは、まるで大きな竹ほどもあり、長さも一丈以上あった。この里《さと》をとり巻くようにして山がある。椎《しい》・栗《くり》・槻《つき》・櫟《いちい》などの樹木が生え、猪《いのしし》や猴《さる》が棲《す》んでいる。（山のふもとの）野は莇馬《すじうま》を産する。飛鳥《あすか》の浄御原《きよみはら》の大宮に天《あめ》の下をお治めになられた天皇（天武天皇）の時代に、同じ（行方《なめかた》の）郡の大生《おおう》の里《さと》に住む建部袁許呂命《たけるべのおころの》が、この野の（葪《すじ》）馬を捕えて朝廷に献上した。世に言う行方《なめかた》の馬とはこれである。これを茨城《うばらき》の里《さと》の馬という人もあるが、それは間違いである。

郡衙《ぐんが》から南方二十里のところに、香澄《かすみ》の里《さと》がある。古くからの言い伝えによると、大足日子《おおたらしひこ》の天皇（景行天皇）が、下総《しもうさ》の国の印波《いなみ》の鳥見《とみ》の丘にお登りになり、しばらくここに立ちどまり、はるか遠くをながめやられた後、東の方をふり向いてながめやり、お付きの人に言われたことには、「海には青波《なみ》がゆったりとただよい、陸には丹霞《かすみ》がもうろうとたなびいている。（香澄《かすみ》の里のある）国はまるでその波と霞の中にあるようにわが目には見えることだ」と仰せられた。時の人は、この天皇のおことばによって、この地を霞《かすみ》の郷《さと》と言っている、という。（香澄《かすみ》の里《さと》の）東方の山には社《もり》があり、榎《えのき》・槻《つき》・椿《つばき》・椎《しい》・竹《たけ》・箭《やだけ》・麦門冬《やますげ》などが、あちこちにたくさん生えている。この（香澄《かすみ》の）里《さと》から西方の海の中にある北の洲《す》を新治《にいはり》の洲《す》という。そう称するわけは、洲《す》の上に立って北の方をながめやると、新治《にいはり》の国の小筑波《おつくは》の岳《やま》が見えるので、（新治《にいはり》の洲《す》と）名づけているのである。

ここ（香澄《かすみ》の里）から南方十里のところに板来《いたく》の村がある。その近くで海辺にのぞんだ地に、駅家《うまや》が設けられている。これを板来《いたく》の駅《うまや》という。その西に、榎《えのき》の林がある。ここは飛鳥《あすか》の浄見原《きよみはら》の天皇（天武天皇）の時代に、麻続王《おみのみこ》が遣《つかわ》されて居させたところである。その海からは、塩を焼く藻《も》・海松《みる》・白貝《おう》・辛螺《にし》・蛤《うむぎ》がたくさん産する。

〈注〉

○男《を》高《たか》の里《さと》　行方郡麻生町小高を遺称地とする。『和名抄』郷名部に「小高」と見える。
○国宰《くにのみこともち》　律令制下にあって、諸国の政務にあたる官人の総称。ここは常陸国司のことをいう。「みこともち」は天皇の御言《みこと》を受け、それを持って政治を行う人の意。
○当麻《たぎま》の大夫《まへつぎみ》　当麻氏は『用明紀』『姓氏録』などによれば、用明天皇の子麻呂子《まろこ》（古《こ》）皇《み》子《こ》から出た氏族で、天武十三年十月に真人《まひと》の姓《かばね》を賜っている。天武朝以後当麻を名のる人物の名が記録に多く見えている。この国宰《くにのみこともち》はだれであるか不明であるが、天武朝ころの人か。
○築《つ》きし池　麻生町小高に古池が二つあり、その大きい方の池という。
○猪《ゐ》　『和名抄』に「猪、一名彘、井」とある。鹿と共に代表的な猟獣で、その肉は食用とされた。「いのしし」の「しし」は食肉用の獣のことであるとともに、食肉そのものも意味した。
○鯨岡《くぢらをか》　麻生町小高の鯨塚《くじづか》を指しているという。
○栗家《くりや》の池　当麻《たぎま》の大夫《まえつぎみ》築造という小高にある古池と並ぶ小さい方の池という。
○香取《かとり》の神子《みこがみ》の社《やしろ》　小高にある鎮守社、または麻生町四鹿にある香取社のいずれかであろう。
○麻生《あさふ》の里《さと》　行方郡麻生町麻生を遺称地とする。『和名抄』郷名部に「麻生」と見える。
○潴沐《なぎさ》　潴沢。沢。水たまり。○囲《かく》み　麻の幹の周囲の意で、その太さをいう。
○一丈《ひとつゑ》　丈《つゑ》は長さの単位。『万葉集』に「杖足《つゑた》らず八尺《やさか》」（巻十三・三三四四）とあるように、一丈は十尺に相当し、約三メートルにあたる。
○𦱳馬《すぢうま》『播磨《はりま》国風土記』美囊《みなぎ》郡の条に、「乗れる馬等は、其の𦱳を切り断ちて逐《お》ひ放《はな》ち」とある。これと同義で「𦱳」は馬具を意味するか。だとすれば、騎乗に適した馬の意か。一説に「𦱳」は「筋」で線状の斑のある馬ともいう。
○建部袁許呂《たけるべのをころの》命『景行紀』によれば、「建（武）部」はヤマトタケルの功名を後世に伝えんがために設置された御名代部とある。が、おそらくは、武人であるがための付会であろう。建部は武部公に率いられた軍事的職業部であり、宮門の警衛などにあたったと思われる。この人は天武朝の人とされており、壬申《じんしん》の乱で活躍した人か。
○行方《なめかた》の馬　建部《たけるべ》が献上して一躍その名が知られるようになったとあるところからすると、これは軍馬を指しているか。
○香《か》澄《すみ》の里《さと》　行方郡麻生町の東南、旧香澄村を遺称地とする。『和名抄』郷名部に「香澄」と見える。○大足日子《おほたらしひこ》の天皇《すめらみこと》『景行紀』五十三年の条に「朕《われ》愛《めぐ》みし子《こ》を顧《しの》ぶこと、何《いづれ》の日《ひ》にか止《や》まむ。冀《ねが》はくは、小碓王《をうすのみこ》の平《こと》けし国《くに》を巡狩《めぐりみ》むと欲《おも》ふ」とあって、景行天皇はヤマトタケル東征の地を巡幸されたとしている。この一条もそれと関係しているか。
○印《い》波《なみ》の鳥《と》見《み》の丘　千葉県印旛郡本埜村一帯の丘陵地という。印旛沼と利根川とにはさまれた地である。
○東を顧《かへりみ》て　鳥見の丘から東方、霞ケ浦の対岸にある香澄里の方をながめやったのである。

○社有り《もり》　諸本「社《やしろ》」と訓んで神社とするが、下の植物名の列記からみて「社《もり》」、すなわち森の意と解すべきであろう。

○榎《えのき》『新撰字鏡』に「榆・榎・林衣乃木」とある。単に「え」とも。実は甘味があり食べられる。

○椿《つばき》『新撰字鏡』に「椿豆波木」。その実（種子）から油を採る他、木の灰は染色の際の媒染剤に広く用いられた。

○麦門冬《やますげ》『本草和名』に「麦門冬也末須介」とある。ユリ科のヤブランのこと。根に生ずる小塊を痰《たん》を切る薬とする。『典薬寮式』の諸国貢進《こうしん》年料雑薬の条、常陸国二十五種の中に見えている。

○新治《にひはり》の洲　霞ケ浦の中にあったと思われるが現存しない。

○小《を》筑波《つくは》の岳《やま》　筑波山を指す。

○板来《いたく》の村　行方郡潮来《いたこ》町潮来が遺称地。『和名抄』郷名部に「坂（板の誤りか）来」と見える。「イタ」は東国方言で潮をいう語。

○板来《いたく》の駅《うまや》　霞ケ浦航行のために設けられた水駅《みずうまや》。弘仁六（八一五）年廃止された。（『日本後紀』弘仁六年十二月の条）

○麻《を》続王《みのみこ》　系譜不明。諸王三位。『天武紀』四年四月の条に「三位《みつのくらゐ》麻《を》続《みの》王《おほきみ》罪有り。因播《いなば》に流《なが》す。一《ひとり》の子《こ》をば伊豆嶋《いづのしま》に流す。一《ひとり》の子をば血鹿嶋《ちかのしま》に流す」とあり、『万葉集』巻一・二三の歌では「打ち麻《そ》を麻続王海人《あま》なれや伊良虞《いらご》の島の玉藻《たまも》刈ります」とあって、伊勢国に流されたとしている。『大系』は「イナバ（因幡国・下総国印波）・イラゴ・イタコと類似地名によって伝承が流伝したのであろう」とするが定かではない。

○**白貝**《おふ》『和名抄』に「白貝蛤、於富、本朝式用フ㆓白貝二字ヲ㆒、在ル㆑水ニ曰フ㆑蛤ヲ也」とある。大きな蛤《はまぐり》か。

○**辛螺**《にし》『和名抄』に「小辛螺仁之」とある。小さい巻貝の総称か。

○**蛤**《うむぎ》『本草和名』に「海蛤宇牟岐乃加比」見える。ハマグリの類の総称か。

〈解説〉

ここでは、大和を中心とする朝廷において伝えられていた（または作られた）話が、東国にまで及んできている例が二つ見られる。

第一は、香澄の里の条に見える景行天皇の東国巡幸記事である。当国風土記に景行天皇の名が見えるのは、信太《しだ》郡碓井《うすい》の条と本条の二例のみである。景行天皇が実在の天皇とは考えられないのであるから、本来の在地伝承がこの天皇名で語られていたとは思えない。いずれ中央から持ち込まれたのであろうが、興味深いのは〈注〉に引いた『景行紀』五十三年の記事である。そこでは、景行天皇の東国巡幸は、ヤマトタケルの平定した東国を見たいという理由でなされたとしているのである。当国風土記がヤマトタケルを特別に重要な存在と見ていたことは、その名の多さからでも推測されるところであるが、景行天皇が当国風土記に登場しているのも、この『紀』の記述を媒介として、単に景行がヤマトタケルの父であったとする以上の理由と当国が考えていたからではなかったか。無論ヤマトタケルも中央から持ち込まれた人物に相違ないが、当国風土記の景行天皇の存在は、『紀』の記述―作られた一条―なしには理解できないと思われる。

第二は板来《いたく》の村の条に見える麻続王《おみのみこ》の記事である。この王は、その系譜や伝記も不明で、配流された理由もただ「罪有り」としか記されておらず、釈然としないが、麻続王流罪という事件はあったのであろう。しかし、それはあくまでも中央に起こった事件であった。そして『紀』また『万葉集』に記すように、配流の地が因幡《いなば》や伊勢であったのならば、東国常陸には何らの影響もなかったはずである。それがなぜ板来《いたく》の地に記されているのであろうか。思うに、すでに中央においてさえ配流の地に諸説が存在したことを考えてみると、『大系』の説くように、少なくとも「イラゴ」と「イタコ」の音の類似から、配流の地が板来であったとするものも生まれていたと思われる。ただし、その事件に関心を持ったのはあくまでも中央の官人たちに相違ない。実際にこの地に流されたとは思えないのは、当国風土記の記載のあり方が、在地の人々の生活とまったく結びついておらず、地名起源にも結びついていないことからも察知される。いうならば、この一条は、当国風土記の筆録にあたった官人が、板来の地名から麻続王《おみのみこ》流罪の事件を想起し、筆録の時点で書き加えたものである可能性の強いことを示唆《しさ》しているように思われる。

十二　行方郡 (五)

古老《ふるおきな》の曰《い》へらく、斯《し》貴《き》の瑞垣《みづがき》の宮《みや》に大八《おほや》洲《しま》所馭《しら》しめしし天皇《すめらみこと》の世《みよ》、東の垂《さかひ》の荒ぶる賊《にしもの》を平《ことむ》けむと為《し》て、建借間《たけかしまの》命即ち此は那《な》賀《か》の国造《くにのみやつこ》が初祖《おや》なり。を遣《つかは》しき。軍士《いくさびと》を引率《ひきゐ》て、行《ゆ》くゆく凶猾《にしもの》を略《ことむ》け、安婆《あば》の島に頓宿《やど》りて、海の東の浦を遙望《のぞ》みたまひき。時に、烟《けぶり》見えしかば、交《こもごも》、人や有ると疑ひき。建借間《たけかしまの》命、天を仰《あふ》ぎて誓《うけ》ひて曰《い》ひしく、「若《も》し天人《あめひと》の烟《けぶり》ならば、来たりて我が上を覆《おほ》へ。若《も》し荒ぶる賊《にしもの》の烟《けぶり》ならば、去りて海中《わたなか》に靡《なび》け」といひき。時に、烟《けぶり》、海を射《さ》して流れき。爰《ここ》に、自《おのづか》ら凶賊《にしもの》有ることを知りて、即ち従衆《ともがら》に命《おほ》せて、褥食《じょくしょく》して渡りき。

是《ここ》に、国栖《くず》、名は夜《や》尺斯《さかし》・夜《や》筑斯《つくし》と曰《い》へるもの二人有り。自《みづか》ら首帥《ひとこのかみ》と為《な》りて、穴を堀《ほ》り堡《とりで》を造りて、常に居住《す》めり。官軍《みいくさ》を覘伺《うかが》ひて、伏《ふ》し衛《まも》り拒抗《ふせ》ぐ。建借間《たけかしまの》命、兵《いくさ》を縦《はな》ちて駈追《おひやら》ひしかば、賊《あた》尽《ことごと》に逋《に》げ還《かへ》り、堡《とりで》を閇《と》ぢて固《かた》く禁《まも》りき。俄《にはか》にして、建借《たけかし》間《まの》命、大きに権議《はかりごと》を起こし、敢死之士《たけきいくさびと》を校閲《すぐ》り、山の阿《くま》に伏《ふ》せ隠《かく》し、賊《あた》を滅《ほろぼ》さむ器《つはもの》を造《つく》り備《そな》へて、厳《いか》しく海渚《なぎさ》に餝《かざ》り、船を連《つら》ね、桴《いかだ》を編《あ》み、雲のごとく蓋《きぬがさ》を飛《ひるがへ》し、虹《にじ》のごとく旌《はた》を張り、天《あめ》の鳥琴《とりごと》・天《あめ》の鳥笛《とりふえ》、波の随《まにま》に潮《しほ》を逐《お》ひて、杵《き》島唱《しまぶ》曲《り》を七日《なぬか》七夜《ななよ》、遊び楽《あそ》ぎ歌ひ舞ひき。時に、賊《あた》の党《ともがら》、盛《さかり》なる音楽を聞きて、房挙《いへこぞ》りて男女《をとこをみな》、悉尽《ことごと》に出で来て、浜傾《かたぶ》かして歓咲《あら》ぎけり。建借間命《たけかしまのみこと》、騎士《うまのりひと》をして堡《とりで》を閇《と》ぢしめ、後《しりへ》より襲《おそ》ひ撃《う》ちて、尽《ことごと》に種属《やから》を囚《とら》へ、一時《もろとも》に焚《や》き滅《ほろぼ》しき。此の時、痛《いた》く殺《ころ》すと言ひし所は、今、伊多久《いたく》の郷《さと》と謂《い》ひ、臨《ふつ》に斬《き》ると言ひし所は、今、布都奈《ふつな》の村と謂《い》ひ、安《やす》く殺《き》ると言ひし所は、今、安伐《やすきり》の里《さと》と謂《い》ひ、吉《よ》く殺《さ》くと言ひし所は、今、吉前《えさき》の邑《むら》と謂《い》ふ。

板来《いたく》の南の海に洲《す》有り。三四里許《ばかり》なり。春の時は、香島《かしま》・行方《なめかた》二つの郡の男女、尽《ことごと》に来て、津白貝《つのおふ》・雑味《くさぐさ》の貝物《かひつもの》を拾ふ。

〈現代語訳〉

古老は次のように言っている。―斯貴《しき》の瑞垣《みずがき》の宮に天の下をお治めになられた天皇（崇神《すじん》天皇）の時代に、東国の辺境にいる狂暴な賊どもを平定するために、建借間《たけかしまの》命すなわちこの人は那賀《なか》の国造《くにのみやつこ》の始祖である。を派遣した。（命《みこと》は）兵士たちを率いて、行く先々のずる賢い賊どもを討ち平らげて、安婆《あば》の島に仮の宿をとられた。そこで海上はるか東方の浦の方をながめやられたところ、烟《けむり》が見えたので、（兵士たちは）互いに（あそこには）人がいるのだろうかと疑った。その時、建借間《たけかしまの》命は、天を仰ぎ神に祈誓して、「もしあの烟《けむり》が天人《あめひと》、すなわち天皇の統治下にある人たちの烟であるならば、こちらに来て私の上を覆《おお》うようにたなびけ。もし狂暴な賊どもの烟ならば、むこうに行って海の上にたなびけ」と言ったところ、その烟は、さっと海の方をさして流れていった。そこで（あそこには）凶賊のいることが自然にわかった。（命は）ただちにつき従う兵士たちに命じて朝早くに食事をとらせ、（戦《いくさ》の準備をととのえて）海を渡った。

ここに、国栖《くず》で名を夜尺斯《やさかし》・夜筑斯《やつくし》という二人のものがおり、みずからその凶賊の首領となって、穴を掘り堡《とりで》をこしらえて、いつもそこに住んでいた。彼らは建借間命《たけかしまのみこと》の軍勢の動きをみては、潜伏しながら守備を固め、抵抗した。そこで建借間命《たけかしまのみこと》は、兵士を放って彼らを追いかけさせたところ、賊どもはすっかり逃げ還《かえ》って、堡《とりで》を固く閉《と》じて守りをかためてしまった。突然、建借間命《たけかしまのみこと》は大いなる策略をめぐらし、まず勇猛な兵士たちを選《え》りすぐり、山のかげになった所に兵士たちを伏せ隠し、凶賊を討滅するための武器を造り備え、それらをなぎさにいかめしく装い飾り、舟を連らね、桴《いかだ》を組んだ。蓋《きぬがさ》は天上の雲のごとくへんぽんと飛び、旌《はた》は虹《にじ》のごとく空になびいた。天《あめ》の鳥琴《とりごと》・天《あめ》の鳥笛《とりぶえ》は、波の寄せ来、また潮の流れに応じてその音《ね》が流れ、杵島《きしま》ぶりの歌を唱《うた》って、七日七夜歌い舞い、遊び楽しんだ。その時、凶賊どもは、盛大な歌舞の音《ね》を耳にして、一家の男も女もすっかり（穴から）出てきて、浜いっぱいに群がって、大喜びしてさわぎ立てた。そこで建借間命《たけかしまのみこと》は、騎兵に命じて凶賊の堡《とりで》をすっかり閉《と》じさせ、その後、凶賊の背後から襲撃して、凶賊どもを一人残らず捕えて、全部いっしょにあっという間に焼き殺して滅してしまった。この時、「痛《いた》く殺《ころ》す」と言った地《ところ》を、今、伊多久《いたく》の郷《さと》といい、「臨《ふっ》に斬《き》る」と言った地《ところ》を、今、布都奈《ふつな》の村といい、「安《やす》く殺《き》る」と言った地《ところ》を、今、安伐《やすきり》の里《さと》といい、「吉《よ》く殺《さ》く」と言った地《ところ》を、今、吉前《えさき》の邑《むら》というのだ—と。

板来《いたく》の南方の海中に洲《す》がある。（その周囲は）三四里あまりである。春になると、香島《かしま》・行方《なめかた》両郡の男女たちが残らずやってきて、津白《つのお》貝《う》をはじめさまざまの貝類を拾う。

〈注〉

○**東の垂**《さかひ》　「垂」は「陲」と同義で辺境（の地）の意。

○**建借間**《たけかしまの》**命**　『神武記』に「神八井耳命《の》は、意富臣《おほのおみ》—（中略）—伊余国造、—（中略）—常道《ひたち》の仲国造《なかのくにのみやつこ》—（中略）—島田臣《しまだのおみら》等の祖《おや》なり」とあり、那賀《なか》の国造は神武天皇の子神八井耳命から出たとしている。また『国造本紀』仲国造の条には「志賀高穴穂朝御世（成務朝）、伊予国造同祖建借馬命定メ二賜フ国造ニ一」とある。行方郡建郡の条には、孝徳朝の那珂国造として壬生直夫子《みぶのあたえ》の名が見えるので、建借間命は壬生直の祖と考えられる。なお当国の国造のうちで那賀国造だけが皇別系譜を有し、他はすべて天神の後裔と称しているのは注意すべきか。また建借間命の「借間」は「香島」に通じ、香島大神と関連しているか。

○**安婆**《あば》**の島**　稲敷郡桜川村にある浮島（信太郡の条にも浮島と見える）の別名かという。その対岸東方は阿波崎と呼ばれている。信太郡浮島村の条の記述からみて、この島は交通要害の地であったと思われる。

○海の東の浦　浮島から霞ケ浦の東方対岸をいい、すなわち行方郡板来付近を指す。
○天を仰《あふ》ぎて誓《うけ》ひて曰《い》ひしく　「誓《うけ》ふ」は神に誓ってその神意をうかがう意。天を仰いだのは、そこ（天）に神がいると考えていたからであろう。
○天人《あめひと》　「荒ぶる賊」の対語であるところからして、朝廷の統治下にある人々を指していると考えられる。天上世界から下ってきた人の意ではない。
○烟《けぶり》、海を射《さ》して流れき　「誓《うけ》ひ」の結果、賊のあることを示すために、煙が海中に出たというのである。
○褥食《じょくしょく》　「褥」は「蓐」と同義。寝床の中で朝早く食事を済ませる意。戦闘に備えて十分な食事を取らせたことをいう。
○首帥《ひとこのかみ》　『神武即位前紀』に「魁帥」に対し「比《ひ》登《と》誤《ご》廼《の》伽《か》瀰《み》」と注がある。人子《ひとこ》＝の＝上《かみ》の意かという。ここでは凶賊の首領の意。
○堡《とりで》　をき（小城）とも。防御のための構築物をいう。
○敢死之士《たけきいくさびと》　死をもいとわない勇猛な兵士のこと。
○山の阿《くま》　山の凹状になってかげになっている所。○器《つはもの》　器仗《きじょう》、すなわち武器の意。
○厳《いか》しく海渚《なぎさ》に餝《かざ》り　武器類がいかめしくなぎさに飾り立てられたことをいう。それらを執って戦うのではないことを示すために飾り立てたものか。
○蓋《きぬがさ》　絹張りの長い柄のついたかさ。神仏の渡御《とぎょ》や天皇・貴人の行列の時に、後ろからさしかけたもの。

○**旌《はた》**　旗。縦に細長く、のぼりのようなものであったらしい。蓋《きぬがさ》・旌《はた》とも美しく装い飾られたさまをいう。

○**天《あめ》の鳥琴《とりごと》・天《あめ》の鳥笛《とりふえ》**　いずれも琴や笛の美しい音色を鳥のさえずりにたとえたものか。『記』『紀』にいう「天鳥船」「鳥之石楠船」などと関連しているか。古代における琴は遊びとしてよりも、祭祀《さいし》用として、神をよりつかせるために奏された宗教的な品であった。

○**杵島唱曲《きしまぶり》**　歌曲の名。元来は肥前国杵島地方で歌われていた歌謡か。『肥前国風土記』逸文（『萬葉集註釈』巻三所引）に「あられふる　杵島《きしま》が岳《たけ》を　峻《さか》しみと　草採《と》りかねて　妹《いも》が手を執《と》る」という歌垣の歌が記されており、その後に「是《こ》は杵島曲《きしまぶり》なり」と注記が付されている。「唱曲《ふり》」は歌《う》い方の風《ふり》、つまり歌い踊る際の節付《ふしづ》け、振付けの意であろうが、各地の民謡の類が朝廷の雅楽寮に集められた時に、各々の歌に対して付されたようである。

○**房挙《いへこぞ》りて**　一家の者全部の意。「房」は家屋の意であるが、穴居《けっきょ》していた佐伯であることを思うと、巣窟《そうくつ》の意を有しているか。

○**浜傾《かたぶ》かして**　佐伯たちが浜いっぱいに群がったさまをいう。

○**後《しりへ》より襲《おそ》ひ撃《う》ちて**　佐伯を全員浜に引き出しておいて堡《とりで》をふさいで逃げ場をなくし、先に山の阿《くま》に伏せてあった兵士たちに襲撃させたのである。

○**伊多久《いたく》の郷《さと》**　板来《いたく》の村と同地。イタは東国方言で潮の意。本来は潮《いた》がこの地にやってくることから生れた地名であろう。この地名の由来は、いわば説話的地名起源と言える。ここに、郷・村・里・邑の四字が四地名に対して書き分けられているのは行政的な区別があったのではなく、漢文修辞によるもの。
○**布都奈《ふつな》の村**　行方郡潮来町古高《ふったか》、または稲敷郡桜川村古渡《ふっと》を遺称地とする。
○**安伐《やすきり》の里《さと》**　遺称地なく不明。音読してアバとし、上文安婆の島の地とする説もあるが、ここは「安《やす》く殺《き》」った故に「ヤスキリ」と説くのであるから、これを「アバ」と訓んでは、地名説明と地名とがまったく結びつかなくなる。
○**吉前《えさき》の邑《むら》**　行方郡潮来町江崎を遺称地とする。○**洲《す》有り**　前川を隔てた大洲付近という。
○**三四里**　洲の周囲をいう。
○**津白貝《つのおふ》**　『大系』は「津」を「蚌《うむぎ》」の誤りとするが、諸本「津」であり、ここでも「津」に従う。津白貝は、白貝の一品種名ではなく、津に産する（津で採れる）白貝の意であろう。

〈解説〉

ここに語られた建借間命《たけかしまの》の東夷征討の話は、『記』『紀』において語られた、いわゆる「英雄の物語」、とりわけヤマトタケルのそれと相通うものである点について述べておきたい。

古代英雄については、戦後まもなくから「英雄時代論争」と呼ばれて、国文学者・歴史学者の間で華々しく論じられたのは周知のところであろう。その経過や詳細はしばらく措《お》くとして、「英雄の物語」を見て行くうえで確認しておかねばならぬのは、(一)『記』『紀』の英雄物語は皇祖・天皇・皇親による異族の征服物語であり、㈡それは中央（天皇）と地方との支配（服従）関係を語るものに他ならず、㈢同時に地方諸氏族の始祖伝承として語られる、というきわめて政治的色彩の濃厚なものである点である。『風土記』における「英雄」もまた、右の枠《わく》内にほぼおさまっている（ただし㈠は皇祖そのものではなく皇祖の侍臣または使者である場合が多い）。

さて、建借間《たけかしまの》命は、崇神《すじん》天皇の命を承けての出征であり、彼の武功により当地は朝廷の支配下に入ったのであり、武功を挙げた彼は当地の支配者となって、その子孫が後に国造《くにのみやつこ》となっているなど、いわば「英雄の物語」の基本的な枠《わく》組みにぴったり合致している。と同時に、それらの物語に類型的に見られる〈欺《だま》し討ち〉と〈残虐性〉の二点がこの話にも見られる点で、まさにヤマトタケルと同等な人物像として捉《とら》え得る要素を持っている。

すなわち、建借間命は、東夷の賊が手強《てごわ》いと知るや一計を案じて杵島唱曲《きしまぶり》の歌舞の宴を催して彼らを一人残らずおびき出し油断させたのは、『記』のヤマトタケルがクマソタケル征討に際し、酒宴の席で女装して油断させたのと同趣の〈欺《あざむ》き〉であり、出てきた東夷の賊の「堡《とりで》を閉ぢしめ後より襲ひ撃《う》」ったのは、ヤマトタケルが酒宴の席で懐剣を抜いて刺し殺したのと同じ〈欺《だま》し討《う》ち〉であった。

さらに建借間命は、彼らを一人残らず捕えると「一時に焚き滅ぼし」てしまう残虐的行為を示しているが、これまた兄大碓命《おおうすのみこと》を「待ち捕へて搤《つか》み批《ひし》ぎ、其の枝《えだ》（＝手足）を引き闕《か》きて、薦《こも》に裹《つつ》みて投げ棄《う》」ったり、クマソの弟タケルに対し「剣《つるぎ》を尻《しり》より刺し通し」た（いずれも『景行記』）ヤマトタケルの残虐性に相通ずるものであった。この点において、建借間命―おそらく香島地方のタケルを意味する名であろう―は、ヤマトタケルと相並ぶような「古代英雄」として当地の伝承の中に生き続けていたことが知られる。

ただ、『記』『紀』の英雄物語が、敗者の誓約もしくは祝言によって結末を迎えるのに対し、『風土記』が、地名の誕生を以て結末とするところに、同じ「英雄の物語」でありながらも、土地を離れては存在し得なかった在地の記録としての『風土記』の特色がうかがえよう。

十三　行方郡 ㈥

郡より東北十五里に当麻《たぎま》の郷《さと》あり。古老の曰《い》へらく、倭武《やまとたける》の天皇《すめらみこと》、巡《めぐ》り行《い》でまして、此の郷《さと》を過ぎたまふに、佐伯《さへき》、名は鳥日子《とりひこ》と曰《い》ふもの有り。其の命《みこと》に逆《さか》ひしに縁《よ》りて、随便《すなは》ち略殺《ころ》したまひき。即《すなは》ち、屋形野《やかたの》の帳《とばり》の宮《みや》に幸《いでま》ししに、車駕《みくるま》の経るところの道狭《せ》く地深浅《つちたぎたぎ》しかりき。悪《あ》しき路《みち》の義《こころ》を取りて、当麻《たぎま》と謂《い》ふ。俗《くにひと》、多《た》支《ぎ》多《た》支《ぎ》斯《し》といふ。野の土埆《つちや》せたり。然《しか》れども紫艸《むらさき》生《お》ふ。二つの神子《みこがみ》の社《やしろ》有り。其の周《めぐり》の山野に、櫟《いちひ》・柞《ははそ》・栗《くり》・柴《くぬぎ》、往々《よりより》林を成《な》し、猪《ゐ》・猴《さる》・狼《おほかみ》、多《さは》に住《す》めり。

此より以南《みなみ》に芸都《きつ》の里《さと》あり。古《いにしへ》、国栖《くず》、名は寸津毗古《きつひこ》・寸津毗売《きつひめ》と曰《い》ふ二人有りき。其の寸津毗古《きつひこ》、天皇《すめらみこと》の幸《いでまし》に当《あた》り、命《みこと》に違《たが》ひ、化《おもむけ》に背《そむ》きて、甚《いた》く粛敬《ゐや》无《な》かりき。爰《ここ》に御剣《みはかし》を抽《ぬ》きて、登時《すなはち》斬り滅《ころ》したまひき。是に、寸津毗売《きつひめ》、懼悚《おそ》り心愁《うれ》へ、白幡《しろはた》を表挙《かか》げて、道に迎《むか》へ、拝《をろが》み奉《まつ》りき。天皇、矜《あはれ》みて恩旨《みめぐみ》を降《くだ》し、其の房《いへ》を放免《ゆる》したまひき。更《また》、乗輿《みこし》を廻《めぐ》らして、小抜野《をぬきの》の頓宮《かりみや》に幸《いでま》ししに、寸津毗売《きつひめ》、姉妹《いろねいろと》を引率《ひきゐ》て、信《まこと》に心力《こころ》を竭《つく》し、風雨《あめかぜ》を避《さ》けず、朝夕《あしたゆふべ》に供《つか》へ奉《まつ》りき。天皇、其の慇懃《ねもころ》なるを欸《よろこ》びて、恵慈《うるは》しみたまひき。所以《このゆゑ》に、此の野を宇流波斯《うるはし》の小野《をの》と謂《い》ふ。

其の南に田《た》の里《さと》あり。息長足日売《おきながたらしひめ》の皇后《おほきさき》の時、此の地《くに》に人あり、名を古都比古《こつひこ》と曰《い》ふ。三度《みたび》韓国《からくに》に遣《つかは》されしかば、其の功労《いさを》を重みして、田を賜《たま》ひき。因《よ》りて名づく。又、波須武《はずむ》の野有り。倭武《やまとたける》の天皇《すめらみこと》、此の野に停宿《やど》りて、弓弭《ゆはず》を修理《つくろ》ひたまひき。因《よ》りて名づくる也《なり》。野の北の海辺《うみべ》に、香島《かしま》の神子《みこがみ》の社《やしろ》在《あ》り。土《つち》埆《や》せ、櫟《いちひ》・柞《ははそ》・楡《にれ》・竹《たけ》、一二生《お》ひたり。

此より以南《みなみ》に、相鹿《あふか》・大生《おほふ》の里《さと》あり。古老の曰《い》へらく、倭武《やまとたける》の天皇《すめらみこと》、相鹿《あふか》の丘《をか》前《ざき》の宮《みや》に坐《いま》しき。此の時、膳《かしはで》の炊屋舎《かしぎや》を浦浜《うらべ》に構《かま》へ立て、艀《をぶね》を編《あ》みて橋と作《な》し、御《み》在所《ましどころ》に通ひき。大炊《おほひ》の義《こころ》を取《と》りて、大生《おほふ》の村と名づく。又、倭武《やまとたける》の天皇《すめらみこと》の后《きさき》、大《おほ》橘《たちばな》比《ひ》売《めの》命、倭《やまと》より降《くだ》り来《き》まして、此の地《ところ》に参《まゐ》り遇《あ》ひたまひき。故《かれ》、安布賀《あふか》の邑《むら》と謂《い》

ふ。〔行方《なめかた》の郡の分《くだり》は略《はぶ》かず〕

〈現代語訳〉

郡衙《ぐんが》から東北方十五里のところに当麻《たぎま》の郷《さと》がある。古老の言うことには、「倭 武《やまとたける》の天皇が巡幸なさった折、この郷《さと》をお通りになられた。そのとき、鳥日子《とりひこ》という名の佐伯《さえき》が（この地に）住んでいたが、その（天皇の）おことばに逆らったため、たちまちにお殺しになられた。その後、屋形野《やかたの》の仮の宮においでになられたが、（天皇の）車駕《おくるま》の通る道が狭くまた凹凸《おうとつ》がひどかった。そこで悪路の意義を汲んで、（この地を）当麻《たぎま》といっている、土地の人々は、（悪路のことを）『たぎたぎし』という」と。この地の野原の土は塉《や》せているけれども、紫草《むらさき》が生えている。ここには（香取《かとり》と香島《かしま》の）二つの神の子神《みこがみ》の社《やしろ》がある。その社《やしろ》の周囲の山野には、櫟《いちい》・柞《ははそ》・栗《くり》・柴《くぬぎ》があちこちに生え、林を成し、猪《いのしし》・猴《さる》・狼《おおかみ》がたくさん棲《す》んでいる。

当麻《たぎま》の郷《さと》から南方には芸都《きつ》の里《さと》がある。昔、国栖《くず》で、その名を寸津毘古《きつひこ》、寸津毘売《きつひめ》というものが二人住んでいた。そのうち寸津毘古は、天皇が行幸された際、そのおことばにたがい、教化に背《そむ》いて、まったく無礼な態度を示した。そこで（天皇は）御剣を引き抜き、即座に斬《き》り殺しておしまいになった。ここに、残った寸津毘売は、すっかり恐れかしこんで、白幡《しろはた》を掲げて（天皇を）道に出てお迎えし、敬い拝した。天皇は哀れみを覚えて恩旨《おめぐみ》をお与えになり、その家族をおゆるしになった。さらに天皇は、乗輿《おのりもの》をめぐらして、小抜野《おぬきの》の仮の宮においでになられたところ、かの寸津毗売《きつひめ》は、その姉妹を引き連れてやってきて、真心をこめてあらんかぎり心を尽くし、雨風もいとわず、朝夕天皇にお仕えした。天皇は、彼らの真心からの奉仕をおよろこびになり、恵慈《うるわ》しみになられた。こういうわけで、この野を「宇流波斯《うるはし》の小野《をの》」といっているのである。

芸都《きつ》の里《さと》の南方には田《た》の里《さと》がある。息長足日売《おきながたらしひめ》の皇后（神功皇后）の時代に、この地に名を古都比古《こつひこ》という人が住んでいた。三度にわたって韓《から》の国（征討）に派遣された人で、その功労を重視して、（功田として）この地の田を賜わった。だから（この地を田《た》の里《さと》と）名づけたのである。また、波須武《はずむ》の野がある。倭武《やまとたける》の天皇がこの野におとどまりになって、弓《ゆ》弭《はず》を整え用意なさった。これによって（その弓弭《ゆはず》にちなんで）この地の名としたのである。この野の北方の海辺に、香島《かしま》の神の子神《みこがみ》の社《やしろ》がある。土は塉《や》せていて、櫟《いちい》・柞《ははそ》・楡《にれ》・竹《たけ》が、一二ヵ所に生えている。

この田《た》の里《さと》の南方に、相鹿《あうか》・大生《おおう》の里《さと》がある。古老の言うことには、「倭武《やまとたける》の天皇が、相鹿《あうか》の里《さと》の丘前《おかざき》の宮においでになられた時、天皇のお食事をご用意するための炊屋舎《かしぎや》を浦辺に造り備え、小舟《はしけ》を並べつないで橋とし、行在《あんざい》所に通うようにした。その大炊《おおい》の義を汲んで、この地を大生《おおう》の村と名づけたのだ」と。また、倭武《やまとたける》の天皇の皇后でいらっしゃった大橘《おおたちばな》比売《ひめの》命が、倭《やまと》から（この地に）おいでになられ、この地で（天皇と）めぐり会われた。だから安布賀《あふか》の邑《むら》といっている。〔行方《なめかた》の郡《こおり》の分については省略していない〕

〈注〉

○当麻《たぎま》の郷《さと》　鹿島郡鉾田町当間を遺称地とする。『和名抄』郷名部に「当鹿」（鹿は麻の誤りと認められる）と見える。

○巡《めぐ》り行《い》でまして　いわゆるヤマトタケル東征に結びつけて巡幸と言っているのであろう。

○屋形野《やかたの》　遺称地なく不明。当麻の郷一帯は原野であった。あるいは、帳《とばり》の宮を設けたことにちなんで、それをヤカタ（仮に造った屋舎の意）と名づけたものか。

○帳《とばり》の宮《みや》　前文（信太郡）既出。仮の御座所の意。○車駕《みくるま》　後文に見える「乗輿」と同じものを指す。天皇の乗り物の意。○地深浅《つちたぎたぎ》しかりき　今、注記の俗《くにひと》の言をもって訓んでおいた。「たぎたぎし」は土地の凹凸《おうとつ》・高低・深浅を表す語で、この直後に「悪しき路」と説明しているところからして、ここは道路の凹凸の激しいさまを言ったものと解される。『景行記』には、ヤマトタケルが東征の後、当芸野《たぎの》（美濃国多芸郡付近）に到り「今吾が足得歩《えあゆ》まず、当芸当芸斯玖《たぎたぎしく》成りぬ」と言葉を発したから当芸《たぎ》と名づけたという地名起源記事が見える。『記』の場合の「たぎたぎし」は地形ではなく足どりを言っているが、本来は道が悪くて思うように足が進まない、の意であろう。なお『神代記』に「多芸志之小浜」、また『神武記』に「多芸志美美命」などとあることから「たぎし」という形容詞の存在が推定される。

○当麻《たぎま》　形容詞「たぎし」の語幹に状態を表わす接尾語「ま」のついた形かという（『時代別大辞典』による）。○塉《や》せたり　「塉」は「瘠」に同じ。地味のやせていることをいう。

○紫艸《むらさき》　『本草和名』に「紫草、一名紫丹、无良佐岐」とある。その根は薬用とする他、乾燥させて紫色の染料とした。山野に自生するが、染料用に栽培もされていた。

○二つの神子《みこがみ》の社《やしろ》　香取と香島二神の分祠をいう。社が別々にあったのか、一社に合祀されていたのか定かでない。鉾田町当間の鎮守社がそれであるという。

○柞《ははそ》　『和名抄』に「柞波々曾、木名、堪レ作レ梳」とある。今日のナラ（楢）を指す（『新撰字鏡』は楢にハハソノキと訓がある）というが、ナラやクヌギの総称とも言われる。

○狼《おほかみ》　『和名抄』に「狼於保加美、似レ犬而鋭キ頭白キ頬ノ者也」とある。人畜に危害を加えることで畏《い》怖《ふ》され、神として扱われたところからオホカミの名があるという。

○芸《き》都《つ》の里　行方郡北浦村化《け》蘇《そ》沼が遺称地という。『和名抄』郷名部に「芸都」と見える。

○天皇《すめらみこと》　前出の倭武《やまとたける》天皇を指す。

○化《おもむけ》　前文に「風化」とあるのと同義。天皇の教化・徳化をいう。

○粛《ゐ》敬《や》无《な》かりき　「ヰヤ」は敬うこと。ウヤとも。粛は敬と同義の字で「粛敬」の熟字は漢籍に用例が多い。

○白幡《しろはた》を表挙《かか》げて　白旗を掲げるのは降伏・服従の意志表示である。降伏の表示として白旗を掲げるのは中国では古来からあるが、日本に古来からあったかは疑問である。降伏の意志表示の白旗の例は『景行紀』十二年の条、『神功摂政前紀』の条、『欽明紀』二十三年の条に見える。

○房《いへ》　家の意。ここでは家族・一族の意。○小抜野《をぬきの》　行方郡北浦村小貫を遺称地とする。
○姉妹《いろねいろと》　「イロ」は同母であることを表わす接頭語（異母を表わす語は「ママ」）。「ネ」「ト」は年長・年少を示すもので、男女の別を表わすものではない。
○恵慈《うるは》しみたまひき　地名の由来となっているので「恵慈」は「うるはし（む）」と訓む。いつくしみ親愛に思う意。
○此の野　小抜野を指す。したがってウルハシの小野は小抜野の異名である。
○田《た》の里《さと》　遺称地なく定かでないが、行方《なめかた》郡北浦村近辺であろう。『和名抄』郷名部に見える「道田」がこの地の後の称と思われる。
○古都比古《こつひこ》　他に見えない。下文によれば、神功皇后の三韓《さんかん》征討に功労あった人物として描かれている。『神功摂政前紀』九月の条に「諸国《くにぐに》に令《みことのり》して、船舶《ふね》を集《つど》へて兵甲《つはもの》を練《ね》らふ」とあり、これを承《う》けた形で作り上げられた人物か。
○三度韓国《みたびからくに》に遣《つかは》されしかば　神功皇后の三韓（新羅《しらぎ》・高麗《こま》・百済《くだら》の三国）征討伝説は『記』『紀』に詳しいが、両者ともその征討は一回としており、三回征討があったことは他書に見えない。
○田を賜《たま》ひき　功労によって功田を与えられたのである。ここは神功皇后の時代として語っているので功田の実態は定かでないが、律令《りつりよう》制下では不輸租の特権を与えられていた。
○波須武《はずむ》の野　現伝諸本「須」は「耶」字であるが、下文に「弓弭《ゆはず》」にちなむ地名としているので、『大系』に従い「須」に改めておく。なお諸説がある。遺称地なく不明。
○楡《にれ》 『新撰字鏡』に「楡、白扮也、尓礼也」とある。その内皮を薬用とする他、ついて粉にし、食用にもしたことは、『万葉集』『延喜式』などによっても知られる。
○相鹿《あふか》 行方郡麻生町南部の旧太田村付近という。『和名抄』郷名部に「逢鹿」と見える。
○大生《おほふ》の里《さと》 行方郡潮来町大生を遺称地とする。相鹿の里の南に隣接する地。『和名抄』郷名部に「大生」と見える。
○相鹿《あふか》の丘前《をかざき》の宮《みや》 麻生町岡を遺称地とする。仮宮である。○膳《かしはで》 食膳に関することをつかさどる者の意。
○炊屋舎《かしぎや》 天皇の食事を煮炊きし調理する建物。○大炊《おほひ》 天皇の食事を煮炊きした意か。
○大橘比《おほたちばなひ》売命《めの》 上に倭武《やまとたける》天皇の后《きさき》とある。『記』『紀』によると后は弟橘比《おとたちばなひ》売《め》であり、「大」を年長の意と解すれば、この姫は弟橘比売の姉ということになり、『記』『紀』とは異なる伝承となる。「大」を単なる尊称と解すれば、両人は同一人物と認められる。ただし、『記』『紀』では、ヤマトタケルが東国に到る以前に、タケルの身代りとなって走水《はしりみず》の海に入水したと記されている。

〈解説〉

この段には倭武《やまとたける》天皇を主人公とする記事が四例見られる。行方郡記事には省略がないことも含めて、当国風土記における倭武天皇について考えてみたい。

当郡全体の記事、すなわち筆録時のさまを最も忠実に伝える当郡記事を概観してみる時、まず気がつくのは、倭武天皇に関する記載の多さである。また、この他で目につくのは壬生《みぶ》氏一族（その祖、建借間命《たけかしまのみこと》も含む）に関する記載である。この二つ以外では、箭括《やはず》の麻多智《またち》と景行天皇が見えるだけである。今、壬生氏に関する記載について詳しく触れている余裕はないが、前段〈解説〉で触れたように、その祖建借間命は、あたかもヤマトタケルと同様な人物として描かれていること、壬生氏が皇子女の養育を職掌としており、当郡にも建部《たけるべ》の名が見えるなど、壬生氏と倭武天皇との関連を想定し得る要素のある点は認められるように思う。

さてヤマトタケルは、中央において、政治的意図を以て創出された、いわば『記』が生み出した一人の古代英雄であった。無論その創出過程においてモデルとされた天皇や皇子、またその行動（西征や東征）のもとになった何らかの歴史的事実は存在していたかもしれないが、ヤマトタケルは実在の人物ではなかった。そのヤマトタケルの記事が当国風土記にこれ程までに多く見えている以上、これはだれかが中央から当地にヤマトタケルを持ち込んだに相違ない。しかもその扱いを『記』に見るような「命」で表示される皇子としてではなく「天皇」としている点で、持ち込んだのが律令官人としての筆録者の時点ではなく、今少し古い時代のことであったと思われる。一方『記』にあっても、ヤマトタケルを一般の皇子女と同様には扱わず、むしろ「天皇」として扱っていたふしの見られることは、その逝去に

「崩」と記し、その墳墓を「御陵」と記しているなどの点からもうかがえるのであり、いわば当国風土記は、そうした『記』の在《あ》り方をより明確化しているとも言える。大胆な推測をするならば、ヤマトタケルがかつて「天皇」として創出されていた時期が存在し、その時期のヤマトタケルが当国にもたらされたかとも思われる（無論この逆、つまり『記』の在りようを当国風土記が発展させて「天皇」としたと考えることもできる）。

ともかく、当郡の四例のうち、当麻《たぎま》の郷の例などは、『記』の当芸野《たぎの》の地名起源とも一脈通い合うものがあり、ヤマトタケルにからむ伝承の一つとして「タギタギシ」という語を含むものがあり、それが『記』にも『風土記』にもあらわれていると見たい。またその妃《ひ》、弟橘《おとたちばな》比売命《ひめのみこと》を「后」扱いするのも両書に共通していながら、その伝承は相違している。

おそらくヤマトタケルの東征伝承は、中央政府の東国平定事業に伴なって当国に伝えられたのであろうが、それが必ずしも『記』の伝えと一致していない点は、あくまでも天皇の皇威を荒ぶる者どもに示し、彼らを〈コトムケヤハス〉ために存在した『記』のヤマトタケルと、在地伝承の中に入り込んでついには変容せざるを得なかった『風土記』の倭武天皇との相違としてとらえられるのではないかと思う。

十四　香島《かしま》郡 ㈠

香島《かしま》の郡《こほり》。東は大海《おほうみ》、南は下総《しもつふさ》と常陸《ひたち》との堺《さかひ》なる安是《あぜ》の湖《みなと》、西は流海《うみ》、北は那賀《なか》と香島《かしま》との堺なる阿多可奈《あたかな》の湖《みなと》なり。

古老《ふるおきな》の曰《い》へらく、難波《なには》の長柄《ながら》の豊前《とよさき》の大朝《おほみや》に馭宇《あめのしたしら》しめしし天皇《すめらみこと》の世《みよ》、己酉《つちのととり》の年、大乙上《だいいつじやう》中臣《なかとみの》□子、大乙下《だいいつげ》中臣部兎子《なかとみべのうのこ》等《ら》、惣領《すべをさ》高向《たかむこ》の大夫《まへつぎみ》に請《こ》ひて、下総《しもつふさ》の国、海上《うなかみ》の国造《くにのみやつこ》の部内《くぬち》、軽野《かるの》より以南《みなみ》の一里《ひとさと》、那賀《なか》の国造《くにのみやつこ》の部内《くぬち》、寒田《さむた》より以北《きた》の五里《いつさと》とを割《さ》きて、別《わき》て神《かみ》の郡《こほり》を置きき。其処《そこ》に有《い》ませる所の天《あめ》の大神の社《やしろ》・坂戸《さかと》の社《やしろ》・沼尾《ぬまを》の社《やしろ》、三処《みところ》を合《あは》せて、惣《す》べて香島《かしま》の天《あめ》の大神と称《い》ふ。因《よ》りて郡に名づく。風俗《くにぶり》の説《ことば》に、霰零《あられふ》る香島《かしま》の国と云ふ。

清《す》めると濁《にご》れると糺《あざ》はれ、天地《あめつち》の草昧《ひらくる》より已前《さき》、諸《もろもろ》の祖《みおや》の天神《あまつかみ》俗《くにひと》、賀味留弥《かみるみ》・賀味留岐《かみるき》といふ。八百万《やほよろづ》の神《かみ》を高天《たかま》の原《はら》に会集《つと》へたまひし時に、諸《もろもろ》の祖《みおや》の神の告《の》りたまひしく、「今、我《あ》が御孫《みま》の命の光宅《しらさ》む豊葦原《とよあしはら》の水穂《みづほ》の国」とのりたまひき。高天《たかま》の原より降《くだ》り来《き》まし大神、名《みな》を香島《かしま》の天《あめ》の大神と謂《い》ふ。天にては則《すなは》ち、日《ひ》の香島《かしま》の宮《みや》と号《なづ》け、地《つち》にては則ち、豊香島《とよかしま》の宮《みや》と名づく。俗《くにひと》云へらく、豊葦原《とよあしはら》の水穂《みづほ》の国を依《よ》さし奉上《まつ》り始《そ》むるに、荒振神等《あらぶるかみたち》、又《また》、石根《いはね》・木立《こだち》、草の片葉《かきは》も辞語《ことと》ひて、昼《ひる》は狭蝿《さばへ》なす音声《おとな》ひ、夜は火《ほ》の光《か》明《かや》く国、此を事向《ことむ》け平定《やは》さむ大神、上天《あめ》より降《くだ》り供《つか》へ奉《まつ》りき、といへり。

其の後《のち》、初国《はつくにし》知らしし美麻貴《みまき》の天皇《すめらみこと》の世《みよ》に至りて、奉《たてまつ》る幣《みてぐら》は、大刀《たち》十口《とふり》、鉾《ほこ》二枚《ふたひら》、鉄弓《かなゆみ》二張《ふたはり》、鉄箭《かなや》二具《ふたよろひ》、許呂《ころ》四口《よつ》、枚鉄《ひらがね》一連《ひとつら》、練鉄《ねりがね》一連《ひとつら》、馬《うま》一疋《ひとつ》、鞍《くら》一具《ひとよろひ》、八咫《やたの》鏡《かがみ》二面《ふたおもて》、五色の絁《あしぎぬ》一連《ひとつら》なり。俗《くにひと》曰《い》へらく、美麻貴《みまき》の天皇《すめらみこと》の世《みよ》、大坂《おほさか》山の頂《いただき》に、白細《しろたへ》の大御服《おほみぞ》坐《きま》して、白桙《しらほこ》の御杖《みつゑ》取《と》り坐《ま》し、識《さと》し賜《たま》ふ命《みこと》は「我《わ》が前《みまへ》を治《をさ》め奉《まつ》らば、汝《いまし》が聞《き》こし看《め》さむ食国《をすくに》を、大国小国《おほくにをくに》、事依《ことよ》さし給《たま》はむ」と識《さと》し賜ひき。時に、八十伴緒《やそとものを》を追集《めしつど》へ、此の事を挙げて訪問《と》ひたまひき。是に、大中臣《おほなかとみ》の神《かみ》・聞勝命《ききかつのみこと》、答へて曰《まを》さく、「大八島《おほやしま》の国は、汝《いまし》が知食《しろしめ》さむ国と、事向《ことむ》け賜ひしは、香島《かしま》の国に坐《ま》す、天津大御神《あまつおほみかみ》の挙教《さと》しまししし事なり」とまをしき。天皇、諸《これ》を聞《きこ》しめして、即ち恐《かしこ》み驚《おどろ》きたまひて、前《さき》の件《くだり》の幣帛《みてぐら》を神《かみ》の宮《みや》に納《をさ》め奉《まつ》りき、といへり。

神戸《かむべ》は六十五烟あり。本《もと》は八戸なりき。難波《なには》の天皇《すめらみこと》の世《みよ》、五十戸を加《くは》へ奉《まつ》り、飛鳥《あすか》の浄見原《きよみはら》の大朝《おほみや》に、九戸を加《くは》へ奉《まつ》り、合《あは》せて六十七戸なりき。庚寅《かのえとら》の年、編戸《へむこ》二戸を減じて、六十五戸に定め令《し》めき。

〈現代語訳〉

香島《かしま》の郡《こおり》。東は大海。南は下総《しもつふさ》の国と常陸《ひたち》の国との堺《さかい》をなしている安是《あぜ》の湖。西は流海《うみ》。北は那《な》賀《か》の郡と香島《かしま》の郡との堺をなしている阿多可奈《あたかな》の湖である。

古老は伝えて次のように言っている。—難波《なにわ》の長柄《ながら》の豊前《とよさき》の大朝《おおみや》に天の下をお治めになられた天皇（孝徳天皇）の時代の己酉《つちのとり》の年に、大乙上《だいいつじょう》中臣《なかとみの》□子、また大乙下《だいいつげ》中臣部兎子《なかとみべのうのこ》たちが、惣領《そうりょう》であった高向《たかむこ》の大夫《まえつぎみ》に請い願って、下総《しもつふさ》の国の海上《うなかみ》の国造《くにのみやつこ》が所領の地のうち、軽野《かるの》から南にある一つの里《さと》、また那賀《なか》の国造が所領の地のうち、寒田《さむた》より北にある五つの里《さと》を割いて、別個に（香島《かしま》の）神の郡《こおり》を設置した。その地に鎮座まします天《あめ》の大神の社《やしろ》・坂戸《さかと》の社、および沼尾《ぬまお》の社の三社を合わせ称して香島《かしま》の天《あめ》の大神と申し上げる。（この神のおいでになることに）よって、郡の名とした。土地の人々の言いならわしに、「霰零《あられふ》る香島《かしま》の国」という——と。

清、すなわち天となるべき気と、濁、すなわち地となるべき気とがまだ入り混っていて天地がひらけ始めるより以前に、神々の祖神たる天神《あまつかみ》土地の人々は、これを「かみるみ」「かみるき」という。が八《や》百万《およろず》の神々を高天《たかま》の原にお集めになられた。その時、祖神のおっしゃることには、「今より私の孫の命が統治するであろう豊葦原《とよあしわら》の水穂《みずほ》の国ぞ」と仰せられた。（こうして）高天の原からお降りになって来られた大神は、その御名を香島《かしま》の天《あめ》の大神ととなえる。天、すなわち高天の原では日《ひ》の香島《かしま》の宮と名づけ、地、すなわちこの常陸《ひたち》の国では、豊香島《とよかしま》の宮と名づける。土地の人々はこう言っている。すなわち、豊葦原の水穂の国を依託しはじめになられたところ、その命に従わない荒《あら》ぶる神たち、また、石や木々また草の一枚の葉に至るまでものを言い、昼はまるで夏のハエが飛びさわぐがごとくうるさく、夜は夜で、火がきらきらとかがやいているような国であった。この有様を平定し教化せんがために、大神は天より降《くだ》っていらっしゃったのだという——と。

その後、初国知《はつくにし》らし美麻貴《みまき》の天皇（崇神《すじん》天皇）の時代になって、幣《みてぐら》としてこの神に奉納した品々は、大刀十口《ふり》、鉾《ほこ》二枚《ひら》、鉄弓《かなゆみ》二張《はり》、鉄箭《かなや》二具《よろい》、許呂《ころ》四口、枚鉄《ひらがね》一連《つら》、練鉄《ねりがね》一連、馬一疋、鞍《くら》一具、八《や》咫《たの》鏡二面《おもて》、五色の絁《あしぎぬ》一連であった。土地の人々はこう言っている。—美《み》麻貴《まき》の天皇（崇神天皇）の時代に、大坂《おおさか》山の頂上に立って、純白のお着物をお召しになって、白い桙《ほこ》を御杖としてお持ちになった神が、託宣して、「私をおまつりするならば、お前の統治する土地は、大国であろうと小国であろうと、すべてお前が統治できるようにしてやろう」と仰せになられた。そこで（天皇は）、おそばに仕えるすべての族長たちを召し集め、ことのありさまをすべてお話しになり、神の託宣の意味をお尋ねになった。ここで、大中臣《おおなかとみ》の神《かみ》・聞勝《ききかつの》命が進み出て、答えて言うには、「大八《おおや》島《しま》の国は、お前が統治すべき国である、とおことばを発せられたのは、すなわち香《か》島《しま》の国においでになる天津《あまつ》大御《おおみ》神《かみ》のお教えになられたものです」と申し上げた。天皇は、このことばをお聞きになって、たいそう驚きかしこみになり、すぐさま前に述べた幣帛《みてぐら》を（香島の）神の宮に奉納されたのである—と。

香《か》島《しま》の神社の所領している神戸《かんべ》は、（現在）六十五戸である。もともとは八戸であった。難《なに》波《わ》の天皇（孝徳天皇）の時代に五十戸をお加えになり、さらに飛鳥《あすか》の浄見《きよみ》原《はら》の大朝《おおみや》（天武天皇）の時代に九戸をお加えになり、合計六十七戸となった。その後、（持統天皇の）庚寅《かのえとら》の年になって、編戸《へんこ》二戸を減らして、六十五戸と定められたのである。

〈注〉

○**香島《かしま》の郡《こほり》**　現鹿島郡にほぼ相当する地域。『和名抄』郡名部に「鹿島加之末」とあり、郷名部には当郡に十八の郷名が見える。なお「鹿島」の用字は養老七（七二三）年以降に見え、「香島」はそれ以前の旧用字と思われる。

○**大海《おほうみ》**　太平洋（鹿島灘）をいう。○**安是《あぜ》の湖《みなと》**　遺称地なく定かではないが、利根川河口付近であろう。湖《みなと》は水門《みなと》の意で河川が海に注ぐところをいう。○**流海《うみ》**　霞ケ浦を指す。

○**阿多加奈《あたかな》の湖《みなと》**　遺称地なく定かでないが、那珂川の河口付近にあったものか。

○**己酉《つちのととり》の年**　孝徳天皇大化五（六四九）年。

○**大乙上《だいいつじやう》**　この冠位は大化五年制定の冠位十九階、および天智三年制定の冠位二十六階の両方に見えるが、行方郡冒頭部の記載と共通するものと思われるので、天智三年のものと考えられる。大乙上はその第十九階（行方郡㈠の〈解説〉参照）。

○**中臣《なかとみの》□子**　名の一部を欠いて何人《なにびと》か不明。「鎌子《かまこ》」として中臣鎌足とする説もあるがおそらく不可。

○**大乙下《だいいつげ》**　天智三年の冠位二十六階中第二十一階。○**中臣部《なかとみべの》兎子《うのこ》**　中臣部は中臣氏の部民《かきべ》。上の中臣□子とともに香島神宮の祭官とみる説がある（『東洋文庫』）。

○**海上《うなかみ》の国造《くにのみやつこ》**　海上は千葉県最東部、現銚子付近の地で、『和名抄』郡名都には「海上」とある。海上の国造については『記』に「天菩比《あめのほひの》命の子、建比良鳥《たけひらとりの》命、此は出雲国造、―（中略）―上菟上国造、下菟上国造、―（下略）」とある「下菟上国造《しもつうなかみ》」が相当する。

○部内《くぬち》　国内《くにうち》の意。所領地・統治地のこと。
○軽野《かるの》　当郡記事中下文に、高松の浜の南にあるとする軽野《かるの》の里《さと》のこと。
○寒田《さむた》　下文、浜《はま》の里《さと》の条に見える。
○神《かみ》の郡《こほり》　下総《しもうさ》国海上郡の一里と常陸国那賀郡の五里、計六里を以て一郡を新置したのである。香島大神の鎮座する郡の意。なお、神郡は、主に軍事上重要な地域の大社に設置されたもので、伊勢国度会《わたらい》郡、出雲《いずも》国意宇《おう》郡、筑前国宗像《むなかた》郡などがよく知られている。
○天《あめ》の大神　天《あめ》は天上世界（高天原《たかまがはら》）を意味するか。
○坂戸《さかと》の社《やしろ》　鹿島郡鹿島町沼尾にある鹿島社の摂社《せっしゃ》という。
○沼尾《ぬまを》の社《やしろ》　鹿島町沼尾にある鹿島社の摂社。
○香《か》島《しま》の天《あめ》の大神　『祝詞《のりと》式』春日《かすが》祭の条に「鹿嶋坐健御《たけみ》賀《か》豆《づ》智命《ちの》」などと見えるように、香島神宮の祭神はタケミカヅチとされ、中臣《なかとみ》氏の祀るところとなったが、当国風土記には、祭神の名は見えない。
○霰零《あられふ》る香《か》島《しま》の国　「霰零」は「あられふり」とも訓まれている。地名カシマにかかる枕詞的な称辞であろうが、かかり方は定かでない。「あられが降ってカシマシ（やかましい）の意」（『時代別大辞典』など）とするものが多いが、その意で称辞であるとするにはなお問題があろう。『肥前国風土記』逸文などには「あられふるきしまが岳《たけ》」という例もあり、おそらくこの両者のかかり方は同一であろう。『万葉集』には、防人《さきもり》で那賀郡出身の大舎人部千《おおとねりべのち》文《ふみ》の歌に「霰《あられ》降り鹿島《かしま》の神を祈りつつ皇御軍《すめらみくさ》にわれは来《き》にしを」（巻二十・四三七〇）と見える。

○清《す》めると濁《にご》れると　以下の一文は香島神宮の縁起を記したものであるが、「俗《くにひと》云へらく」以下の記述がより本来的なものに近く、この一文は漢文の素養があった当国風土記筆録者の手に成るものと考えられる。『神代紀』冒頭部の天地開闢《かいびゃく》の一文が、『淮南子《えなんじ》』の「清陽《すみあきらか》者《なるものは》薄靡《たなびきて》而為レ天《あめとなり》、重濁者《おもくにごれるものは》凝滞《つついて》而為レ地《つちとなる》」をそのまま引いているのと同様な発想で記したもの。

○糺《あざ》はれ　『大系』は「あざなはれ」と訓むが、『名義抄《みょうぎしょう》』（図書寮本）に「糺縄」を「アザハレルナハ」と訓むのに従い「あざはれ」と試訓する。もつれからみあう、入り混じるの意。

○賀味留弥《かみるみ》・賀味留岐《かみるき》　神々の祖神としての男女神をいう。「ミ」は女性を、「キ」は男性を示す接尾辞。カミロキ（ミ）・カムロキ（ミ）・カブロキ（ミ）とも。『記』『紀』においては皇祖神としてのタカミムスヒ・カミムスヒ・アマテラスを指しているようである。

○御孫《みま》の命　天皇の祖となったいわゆる「天孫」をいう。『記』『紀』ではニニギノミコトとされる。

○豊葦原《とよあしはら》の水穂《みづほ》の国　高天原《たかまがはら》世界から地上世界を呼んだもので、日本全体の美称。

○高天《たかま》の原より降《くだ》り来《き》まし大神　下文の注記に「事向《ことむ》け平定《やは》さむ大神」とあるので、天孫降臨に先立って、豊葦原の水穂の国平定のために天降《あまくだ》ってきた神の意と解される。

○**天にては**　「天」は下の「地」と対応する。「天」は高天原世界の意であるとともに大和朝廷の意を含み、「地」は地上世界の意と常陸国の意を併せ持つ。

○**日《ひ》の香島《かしま》**　「日」は下の「豊」と対応し、「日」は高天原での称辞、「豊」は中国《なかつくに》での称辞と区別されている。

○**依《よ》さし**　天孫を統治者とし、その統治を委ねる意。

○**荒振神等《あらぶるかみたち》**　以下の記述は、国内の統一がなく混沌として不安なさまを表わすもの。信太《した》郡高来《たかく》の里の条にも類似の表現がある。

○**初国知《はつくにし》らしし美麻貴《みまき》の天皇《すめらみこと》**　崇神《すじん》天皇。「初国知らしし」は初めて国を統治した意の称辞で、『記』『紀』にも崇神天皇の称号として見える。なお「ハツクニシラシシ」は神武天皇の称号でもある。

○**幣《みてぐら》**　神に捧げ供えるものの総称。以下に列記された奉納品の大半が武具であるところからしても、香島の大神が武神・軍神と考えられていたことが知られる。

○**許呂《ころ》**　武器であろうが、どんなものか不明。

○**絁《あしぎぬ》**　太くあらい絹糸（で織った織物）。ふとぎぬとも。

○**俗《くにひと》曰《い》へらく**　以下の記述は香島神宮にこれらの品々が奉納されるに至った由来を述べたもの。何らかの口誦伝承が香島神宮の祭官であった中臣氏のもとに在ったのであろう。

○**大坂山《おほさかやま》**　奈良県北葛城《かつらぎ》郡香芝町の二上山《ふたがみやま》穴虫越付近という。二上山は大和と河内を結ぶ交通の要路にあたっていた。なお『崇神記』（『崇神紀』九年）に大坂神を祀《まつ》ったことが見えている。

○白細《しろたへ》の大御服《おほみぞ》　下に「白栫」とあるが、神の所持品・衣服は白と考えられていたことによるか。**○汝《いまし》**　崇神天皇を指す。

○食国《をすくに》　統治している国の意。「食《を》す」は占有する・わが物とするの意の尊敬語という（『時代別大辞典』）。

○八十《やそ》伴緒《とものを》　「八十」は数の多い意。「伴緒」は伴、すなわち一定の職業に従事する部民を統轄する者の意。ここでは天皇直属の部民《かきべ》の管理者すべて、の意であろう。

○大中臣《おほなかとみ》の神《かみ》・聞勝《ききかつの》命　大中臣氏は中臣氏の同族であり、宮廷における祭祀を管掌した一族。聞勝命は神意をよく聞き識《し》る者の意を神名としたものであろう。『大系』など「神聞勝命」を神名とするが、「神」は始祖の意と解しておく。

○神戸《かむべ》　香島神宮所領の民戸をいう。神戸は古くは神社の部民《かきべ》であったと思われるが、令制《りよう》下では封戸《ふこ》として、その租税を以て神社経済を支えていた。『崇神《すじん》紀』七年の条に、神地《かむどころ》・神戸を定めたとある。

○五十戸を加《くは》へ奉《まつ》り　天智朝に一挙に神戸を五十戸も増やしたのは大化改新における中臣鎌足の功を重くみて、その氏の神である香島神宮を厚遇したためであろうか。

○庚寅《かのえとら》の年　持統天皇の四（六九〇）年。この年は全国の戸籍をあらため、地方制度が整備された年で、ここの記載もそれに基づくものであろう。
○編戸《へむこ》　戸籍に編入される公民の民戸をいう。

〈解説〉

この段は主として香島神宮の縁起、および同神宮への奉納（品）の由来を述べているのであるが、そのいずれにも、本文と、「俗云《くにひとい》へらく」に始まる注記とが存する点に注意しておきたい。

結論的に言えば、注記の方は、おそらく香島神宮の祭官として香島大神に奉仕していたであろう中臣《なかとみ》氏によって語り伝えられてきた伝承に基づく記載であるのに対し、本文の方は、風土記筆録者の側において、おそらくは筆録時において中央における体系神話をふまえた形で記載されたものであろうということになる。

神宮の縁起の部分について言えば、本文は明らかに『神代紀』に通ずる記載ぶりである（〈注〉参照）のに対し、注記の記載ぶりは、中臣氏によって唱えられていた「六月《みなづきの》晦《つごもりの》大祓《おおはらえ》」（『祝詞《のりと》式』所収）の表現と互に通い合っているものである。次にその祝詞の該当部分を引用しておく。

我が皇御孫《すめみま》の命《みこと》は、豊葦原《とよあしはら》の水穂《みづほ》の国を、安国《やすくに》と平《たひ》らけく知ろしめせと事依《ことよ》さしまつりき。かく依《よ》さしまつりし国中《くぬち》に、荒ぶる神等どもをば神問《かむと》はしに問はしたまひ、神掃《かむはら》ひに掃ひたまひて、語問《こととと》ひし磐《いは》ね樹《こ》立《だち》、草の片葉《かきは》をも語止《ことや》めて、天《あめ》の磐座《いはくら》放れ、天の八重雲をいつの千別《ちわ》きに別きて、天降《あまくだ》し依《よ》さしまつりき。

また、奉納の由来の部分について、本文ではただ奉納品の品名と数量を列記しているにすぎず、その冒頭に崇神《すじん》朝にその奉納が始まったと記していることの必然性にも乏しく、むしろその奉納品名や数量は風土記筆録時において実際に香島神宮に奉納されているものに拠っているのかも知れない。が、注記の記述は『崇神紀』の記述内容と密接なつながりがあり、崇神朝にかけて奉納の由来を説く点も理解できそうである。

まず大坂山に出現した香島大神が「我が前を治め奉らば、汝《いまし》が聞《き》こし看《め》さむ食国《をすくに》を、大国小国、事依《ことよ》さし給はむ」と仰せられたのは、『崇神紀』で大物主《おおものぬしのかみ》神が「若《も》し能《よ》く我《われ》を敬《みやま》ひ祭《まつ》らば、必《かなら》ず当《まさ》に自平《たひら》ぎなむ」と仰せられたのと共通している。しかも大坂神を祭って四道将軍を派遣したと記しているのであって、ここに東方十二道平定と東国常陸のつながりが推測される。また『崇神紀』には、大物主神の後裔《こうえい》大田田根子《おおたたねこ》をタケミカヅチの子とする系譜を載せているので、大物主神と香島大神がつながりを持つことも知られる。そして、神言を香島大神のものであると判断したのが大中臣氏としている点で、この伝承も本来中臣氏所管のものであったと考えられ、同時に『崇神紀』形成の背後に、物部《もののべ》氏・三輪《みわ》氏等と並んで中臣《なかとみ》氏もまた加わっていたと推定されるのである。なおこの点については志田諄一氏の論が詳しい（『常陸国風土記とその社会』）。

十五　香島郡 ㈡

淡海《あふみ》の大津《おほつ》の朝《みよ》に、初めて使人《つかひ》を遣《つかは》して、神の宮を造らしめき。爾《それ》より已来《このかた》、修理《つく》ること絶えず。

年別《としごと》の七月に、舟を造りて津《つ》の宮《みや》に納《をさ》め奉《まつ》る。古老の曰《い》へらく、倭武《やまとたける》の天皇《すめらみこと》の世《みよ》、天《あめ》の大神、中臣《なかとみ》の巨狭山《おほさやまの》命に宣《の》りたまひしく、「今、御舟《みふね》を仕《つか》へまつれ」とのりたまひき。巨狭山《おほさやまの》命、答へて曰《まを》ししく、「謹《つつし》みて大《おほ》き命《みこと》を承《う》けたまはりぬ。敢《あ》へて辞《いな》ぶ所無《な》し」とまをしき。天の大神、味爽《よあけ》に復宣《またの》りたまひしく、「汝《いまし》が舟は海の中に置《お》きつ」とのりたまひき。舟主《ふなぬし》仍《よ》りて見るに、岡の上に在《あ》り。又宣《の》りたまひしく、「汝《いまし》が舟は岡の上に置きつ」とのりたまひき。舟主《ふなぬし》因《よ》りて求むるに、更《また》海の中に在《あ》り。此《か》くの如《ごと》き事、已《すで》に二《ふたたび》・三《みたび》に非《あら》ざりき。爰《ここ》に則《すなは》ち懼《おそ》り惶《かしこ》み、新《あらた》に舟三隻、各《おのもおのも》長さ二《ふた》丈《つゑ》余なるを造《つく》らしめて、初めて献《たてまつ》りき。

又、年別《としごと》の四月十日に、祭《まつり》を設《ま》けて酒《さけ》を灌《すす》め、卜氏《うらべうぢ》の種属《やから》、男も女も集会《つど》ひ、日を積《つ》み夜《よ》を累《かさ》ねて、飲楽《ゑら》ぎ歌ひ舞《ま》ふ。其の唱《うた》に曰《い》はく、

あらさかの　神《かみ》のみ酒《さけ》を　食《た》げと　言《い》ひけばかもよ　我《わ》が酔《ゑ》ひにけむ

神の社《やしろ》の周匝《めぐり》は、卜氏《うらべうぢ》の居《す》む所なり。地体《くにがた》高敞《たか》く、東と西は海に臨《のぞ》み、峰と谷とは犬の牙《きば》のごとく、邑《むら》と里《さと》と交錯《まじは》れり。山の木と野の草とは、自《おのづか》ら内庭《には》の藩籬《まがき》を屏《た》て、澗《たに》の流れと崖《きし》の泉《いづみ》とは、朝夕の汲流《くみみづ》を涌《わ》かす。峰の頭《ほとり》に舎《いへ》を構《つく》れば、松と竹と垣《かき》の外《と》を衛《まも》り、谿《たに》の腰《こし》に井《ゐ》を掘《ほ》れば、薜蘿《つたかづら》壁の上を蔭《かく》す。春、其《そ》の村を経《ふ》れば、百《もも》の草に艶《にほ》へる花あり。秋、其《そ》の路《みち》を過《す》ぐれば、千《ち》の樹《き》に錦《にしき》の葉《このは》あり。神仙《かみ》の幽《かく》り居《す》める境《さかひ》、霊《くし》異《び》の化誕《うま》るる地《ところ》と謂《い》ふべし。佳麗《うるは》しきことの豊《ゆたか》なるは、委《つまびら》かに記すべからず。

其《そ》の社《やしろ》の南に郡家《こほりのみやけ》あり。北に沼尾《ぬまを》の池あり。古老の曰《い》へらく、神世《かみよ》に天《あめ》より流れ来《こ》し水沼《みぬま》なり。生《お》ふる所の蓮根《はちす》は、味気太異《あぢはひいとこと》にして、甘《うま》きこと他所《あだしところ》に絶《すぐ》れたり。病《や》める者、此の沼の蓮《はちす》を食《くら》へば、早く差《い》えて験《しるし》あり。鮒《ふな》・鯉《こひ》、多《さは》に住《す》めり。前《さき》に郡《こほり》の置かれし所なり。多く橘《たちばな》を蒔《う》う。其の実《み》味《うま》し。

〈現代語訳〉

淡海《おうみ》の大津《おおつ》の朝《みかど》（天智天皇）の時代になって、初めて使いの人を派遣して、（香島の大神の）神の宮をお造らせになった。それ以来今に至るまで、修改築が絶えたことはない。

毎年七月には、舟を造って（香島の神の別宮である）津《つ》の宮にそれを奉納する。そのいわれについて古老の語るには、倭武《やまとたける》の天皇の時代に、天の大神が中臣《なかとみ》の巨狭山《おおさやまの》命に（夢の中で）御託宣になり、「ただちに私の舟に奉仕するように」と仰せられた。巨狭山命《おおさやまの》は、答えて「おことばのほどつつしんで承りました。どうしておことばに背くようなことがありましょうか」と申し上げた。ところが、天の大神は、夜明け方になってまた御託宣になり、「お前の舟は海中に置いたぞ」と仰せになった。舟主（である巨狭山命）が見たところ、舟は岡の上にある。また託宣があり、「お前の舟は岡の上に置いたぞ」と仰せられた。それで舟主がこの託宣に従って舟を探してみると、今度は海中にある。このような（不思議な）ことは、二度や三度ではなかった。こういうわけで（巨狭山命は）すっかり恐れかしこんで、新たに舟三隻、それぞれ長さが二丈あまりもあるものを造らせて、初めて（神に）献上したのに始まるという。

また、毎年四月十日には祭を行い酒宴を催す。（この日）卜氏《うらべうじ》の同族の人々は、男も女もすべて集まり、夜となく昼となく、酒を飲みながら続けて歌い舞い楽しむのである。その時の唱《うた》に、

あらさかの　神《かみ》のみ酒《さけ》を　食《た》げと　言《い》ひけばかもよ　我《わ》が酔《ゑ》ひにけむ

（新造の御神酒《みき》を飲め、飲めといって飲まされたからであろうか。私はすっかり酔ってしまった）

この神の社《やしろ》の周囲は、卜氏《うらべうじ》の住んでいるところである。その土地は高く広くて、東と西は海に臨《のぞ》み、峰や谷（など人の住まない所）と、邑《むら》や里《さと》（など人の住む所）とが互いに入り混

じっている。山にある木と野にある草とが自然に垣《かき》のように生《お》い繁り、（その中の地を）庭とし、澗《たに》の流れと崖《きし》にある泉《いずみ》は、まるで朝夕の汲《く》み水とせよと言わんばかりに湧《わ》き流れている。峰の頭《ほとり》に家を構えるならば、松と竹とが垣となり外から衛《まも》ってくれる。また、谿《たに》の中腹に井戸を掘るならば、薜《つた》や蘿《かずら》が、その壁《きし》をおおって隠してくれる。春にその村を通ると、さまざまの草には花が咲きにおい、秋にその路《みち》を行けば、ありとある木々は紅葉して錦《にしき》を織りなしている。ここはまさに仙人の住むという幽境の地、また霊異のなりいづる神仙の地とでもいうべきところである。そのすばらしさは、とても筆舌には尽くしがたい。

香島の神の社《やしろ》の南に郡衙《ぐんが》がある。また（社《やしろ》の）北には沼尾《ぬまお》の池がある。古老が言うには、「（この池は）神代《かみよ》に天から流れてきた水沼《みぬま》である」と。この池に生《は》えている蓮根《れんこん》は、その味が他のものとはたいそう違っていて、おいしいことこのうえない。病気にかかっている者が、この沼の蓮《はす》を口にすると、その病が早くよくなることは確かなことである。（この池には）鮒《ふな》・鯉《こい》がたくさん棲《す》んでいる。この地は以前郡衙《ぐんが》の置かれていた所である。橘《たちばな》がたくさん植えられており、その果実は美味である。

〈注〉

○**神の宮を造らしめき**　社殿を建築したことをいう。神を祭るに際し社殿を設けることは比較的後の時代のことと思われ（ここは天智朝とするが史実と見てよかろう）、『風土記』などに「社《やしろ》を設けた」とあるのは、古くは神の来臨の際にだけ仮の小屋を設けたことを言うのであり社殿の建築の意ではなかろう。
○修理《つく》ること　社殿の修改築をいう。日本古来の建築法である掘立柱の建造物は耐用年数が短く、改築に改築を重ねざるを得なかった。『伊勢太神宮式』に、伊勢太神宮は二十年に一度正殿・宝殿・外幣殿を造り替えよと定めているのが参考となる。
○年別《としごと》の　以下の一文は香島神宮の御舟祭の縁起である。この神は本来海上鎮護の神であったことに由来するか。
○津《つ》の宮　海辺に設けられた別宮。海神を迎えるためのものか。鹿島町大舟津にあったという。○天《あめ》の大神　香島の大神を指す。
○中臣《なかとみ》の巨狭山命《おほさやまのみこと》　「巨」字、「臣」字とする説もある（『続紀《しよつき》』『尊卑分脈《そんぴぶんみやく》』など）。中臣鹿島連《むらじ》の祖とされ、鹿島大宮司の家系であった。なお中臣鹿島連の姓《かばね》は、おそらく当国風土記成立後の天平十八（七四六）年に賜ったもの（『続紀』）。
○今、御舟《みふね》を仕《つか》へまつれ　諸本「今社御舟者」とあるが、『大系』に従い「社」を「仕」と改めて訓む。神の舟を管理しこれに奉仕せよの意か。
○辞《いな》ぶ　『名義抄』に「辞」を「イナブ」と訓む。ことわる、承知しないの意。
○舟主《ふなぬし》　巨狭山命を指す。
○此《か》くの如《ごと》き事　神の託宣に言うところと現実とが合致しないことをいう。神が意のままに舟を移動させるだけの霊力を有していたことを語るものか。

○**二丈《ふたつゑ》**　「丈」は長さの単位で約三メートル（既出）。ここは大きな船の意か。
○**初めて献《たてまつ》りき**　香島大神に献納したのであり、それ以後同社の御舟祭が行われているというのであろう。
○**酒《さけ》を灌《すす》め**　「灌」は酒を酌む・飲む、酒を地に注いで神を祭るなどの意を持つが、ここは酒宴を催して酒を酌《く》み交わす意であろう。
○**卜氏《うらべうぢ》の種属《やから》**　「卜部」と表記されることが多い。中臣氏と同族で、香島神宮に奉仕した中臣氏に従属して卜占《ぼくせん》を職とした氏族。聖武天皇の天平十八（七四六）年、中臣鹿島連《なかとみのかしまのむらじ》の姓《かばね》を賜っている（『続紀』）。また『紀』『続紀』などでは、東国に分布するものを「占部」、西国に分布するものを「卜部」と書き分けている。
○**あらさかの**　この一首は神宴の謝酒歌であろう。「あらさか」は新栄《あらさか》の意で神酒《みき》に対するほめ詞《ことば》であろう。
○**神《かみ》のみ酒《さけ》**　神から賜った（本来は神に捧げられた）特別なめでたい酒をいうか。
○**食《た》げ**　下二段動詞「タグ」の命令形。飲食する意。
○**我《わ》が酔《ゑ》ひにけむ**　謝酒歌における慣用語と考えられている。『応神記』に帰化人須須許理《すすこり》の醸造した酒を謝した応神天皇の歌に「須須許理《すすこり》が　醸《か》みし御酒《みき》に　我酔《われゑ》ひにけり　事無酒《ことなぐし》　笑酒《ゑぐし》に　我酔《われゑ》ひにけり」とある。
○**東と西は海に臨《のぞ》み**　香島神宮の東は鹿島灘《なだ》、西は霞ケ浦であった。

○**犬の牙《きば》のごとく**　「犬牙」と「交錯」は同義。漢籍に見える「犬牙相錯」「犬牙差互」に倣《なら》った修辞的表現。

○**神仙の幽《かく》り居《す》める境《さかひ》**　神仙境。中国の神仙思想を承《う》けていると思われる。

○**霊異《くしび》**　上二段動詞「クシブ」の名詞形。「クシブ」は霊妙のしるしがあらわれる、神秘的な威力を持つ、の意で、ここは神秘的な威力を持つもの、つまり神仙をいう。

○**沼尾《ぬまを》の池**　鹿島町沼尾の沼尾社の西にある池という。『和名抄』郷名部に「諸尾」とあるのが或いは「潴尾《ぬまを》」の誤りか（『大系』）。なお当国風土記の逸文とは認め難いが『夫木《ふぼく》集』巻二十三に沼尾池の記述がある。

○**早く差《い》えて験《しるし》あり**　「差」は「瘉」に同義。病が早く治ることをいう。前掲の『未木集』では「不老不死」と記している。

○**前《さき》に郡《こほり》の置かれし所なり**　香島神宮の南に郡衙《ぐんが》が設置される以前はこの沼尾の地に郡衙があったというのである。なお両方の郡衙の遺蹟地とも伝えられていない。

〈**解説**〉

香島神宮の御船祭は、後代、午年《うま》の九月二日に行われてきた特殊神事であるが（鵜殿正元氏『古風土記研究』）、当国風土記の記す御船祭の縁起は、今一つ縁起譚としてまとまりを欠く。舟を意のままに動かし得る霊力を香島大神が示したことは、記述内容によって知られるが、その霊力を「懼《おそ》り惶《かしこ》」んで舟三隻を奉納したとあるのみで、それによって香島大神が人人に対し如何なる神異を示されたのか不明である。舟の奉納の背後には、香島大神を海上鎮護、水上安全の神としていた人々の意識があったのであろうか。なお、この記述も中臣氏所管の伝承に基づくものであろう。

次に香島社で毎年四月十日に催された神宴もまた、歌垣《うたがき》的な行事であったと思われる。ここに掲げられた歌謡もまた、個人的な抒情歌などではけっしてなく、酒宴の場における儀礼的な民謡であったことは、土橋寛《つちはしゆたか》氏の説かれた通りである（『古代歌謡論』）。この歌は酒を賜った者が、それに感謝して返した歌であり、ここには載せられてはいないが、おそらくは酒を勧めたがわの勧酒歌もあったことであろう。古文献において勧酒歌と謝酒歌が同時に記された例は『仲哀記《ちゅうあいき》』に神功皇后がその子応神天皇に酒を勧める歌を詠み、ついで応神に代って建内宿禰《たけうちのすくね》が謝酒歌を詠んだとあるのが唯一の例であるが、この一対の歌がそのまま『琴歌譜《きんかふ》』に「十六日節酒坐歌《さかぐら》」として記されている点からみても、本来は独立した酒宴歌謡であったと思われる。土橋氏は酒宴歌謡について「酒宴は仲間の連帯関係を強め、または新しく仲間となった者の間に連帯関係を作り上げることを目的としているから、主人側は客に無理やりにでも酒を勧め、客人側はこれに答えて、十分に飲まなければならない。勧酒歌と謝酒歌は、そのような酒宴の目的を歌う儀礼的な歌であり、したがって酒宴の初めに歌われる」と述べられた（『古代歌謡全注釈・古事記篇』）。香島社での神酒の宴も、同じく香島大神に奉仕する中臣《なかとみ》氏と卜部《うらべ》氏が、互いの同族意識を強める目的で催したものであり、酒を勧める側、つまり勧酒歌を詠《よ》むのは中臣氏、対して謝酒歌を詠むのが卜部氏であったと考えられるのである。そしてこの儀礼歌のあとに「飲楽《ゑら》ぎ歌ひ舞《ま》ふ」という遊宴の場が展開されたのであろう。

十六　香島郡 ㈢

郡《こほり》の東二三里に高松《たかまつ》の浜あり。大海《おほうみ》の流れ着く砂《いさご》と貝と、積《つ》もりて高き丘《をか》と成《な》り、松の林自《おのづか》ら生《な》れり。椎《しひ》・柴《くぬぎ》交雑《まじ》り、既《すで》に山野の如《ごと》し。東西《をちこち》の松の下に出泉《いづみ》あり。八九歩ばかり、清渟《きよ》くして太好《いとよ》し。慶雲《きやううん》の元年《はじめのとし》、国司《くにのつかさ》婇女朝臣《うねめのあそみ》、鍛《かぬち》、佐備大麿《さびのおほまろ》等を率《ゐ》て、若松《わかまつ》の浜の鉄《まがね》を採《と》りて、剣《つるぎ》を造《つく》りき。此《これ》より以南《みなみ》、軽野《かるの》の里《さと》と若松《わかまつ》の浜とに至る間《あひだ》、三十余里ばかり、此《こ》は皆《みな》松山なり。伏苓《まつほど》と伏神《ねあるまつほど》とあり、年毎《としごと》に堀《ほ》る。其《そ》れ若《わか》松《まつ》の浦は、即《すなは》ち、常陸《ひたち》・下総《しもつふさ》と二つの国の堺《さかひ》なり。安是《あぜ》の湖《みなと》に有《あ》る所の沙鉄《すなごのあらがね》は剣《つるぎ》を造《つく》るに大きに利《と》し。然《しか》れども、香島《かしま》の神山《かみやま》なれば、輙《たやす》く入りて、松を伐《き》り鉄《まがね》を穿《ほ》ることを得《え》ず。

郡《こほり》の南二十里に浜《はま》の里《さと》あり。以東《ひむがし》の松山の中に、一つの大きなる沼あり。寒田《さむた》と謂《い》ふ。四五里ばかりなり。鯉《こひ》・鮒《ふな》住《す》めり。之万《しま》・軽野《かるの》二里《さと》に有る所の田《た》、少《すこ》しく潤《うるほ》へり。軽野《かるの》より以東《ひむがし》の大海《おほうみ》の浜辺《はまべ》に、流《なが》れ着《つ》ける大船《おほふね》あり。長さ一十五丈《つゑ》、濶《ひろ》さ一丈余《つゑあまり》、朽《く》ち摧《くづ》れて砂《すなご》に埋《うづも》り、今に猶遺《なほのこ》れり。淡海《あふみ》の世《みよ》に、国覔《くにま》ぎに遣《つかは》さむとして、陸奥《みちのおく》の国の石城《いはき》の船造《つくり》に令《おほ》せて、大船を作らしめしに、此《ここ》に至りて、岸に着《つ》き、即《やが》て破れきと謂《い》ふ。

以南《みなみ》に童子女《うなゐ》の松原あり。古《いにしへ》、年少《わか》き僮子《うなゐ》あり。俗《くにひと》、加味乃乎止古《かみのをとこ》、加味乃乎止売《かみのをとめ》と云ふ。男を那賀《なか》の寒田《さむた》の郎子《いらつこ》と称《い》ひ、女を海上《うなかみ》の安是《あぜ》の嬢子《いらつめ》と号《なづ》く。並《とも》に形容《かたち》端正《きらきら》しく、郷里《さと》に光華《かかや》けり。名《な》声を相聞きて、同《とも》に望《ねがひ》を存《おこ》し、自《おのづか》ら愛《いつく》しみ、心滅《な》えぬ。月を経《へ》、日を累《かさ》ねて、嬥歌《てうか》の会《つどひ》 俗《くにひと》、宇太我岐《うたがき》と云ひ、又、加我毗《かがひ》と云ふ。に、邂逅《たまさか》に相遇《あ》へり。時に、郎子《いらつこ》歌《うた》曰ひけらく、

いやぜるの　安是《あぜ》の小松《こまつ》に　木綿《ゆふ》垂《し》でて　吾《わ》を振《ふ》り見《み》ゆも　安是子《あぜこ》し舞《ま》はも

嬢子《いらつめ》、報《こた》へて歌《うた》曰ひけらく、

潮《うしを》には　立《た》たむと言《い》へど　汝夫《なせ》の子《こ》が　八十《やそ》島隠《しまかく》り　吾《わ》を見《み》さば知《し》りし

便《すなは》ち、相語《あひかた》らまく欲《おも》ひ、人の知らむことを恐《おそ》りて、歌場《うたがき》より避《さ》りて、松の下に蔭《かく》り、手を携《たづさ》へ膝《ひざ》を促《ちかづ》けて、懐《おもひ》を陳《の》べ、憤《いきどほり》を吐《は》く。既《すで》に故《ふる》き恋《こひ》の積《つも》れる疹《やまひ》を釈《と》き、還《また》、新しき歓《よろこ》びの頻《しきり》なる咲《ゑみ》を起こす。時に、玉の露杪《こぬれ》なる候《とき》、金《あき》の風《かぜ》の令節《をり》なり。皎皎《あきら》けき桂月《つき》の照らす処《ところ》は、唳《な》く鶴《たづ》が西《かへ》る洲《す》なり。颯颯《さや》げる松風(思)《まつかぜ》の吟《うた》ふ処は、度《わた》る雁《かり》が東《ゆ》く岾《やま》なり。山は寂莫《しづか》にして巌《いはほ》の泉旧《ふ》り、夜は蕭条《さび》しくして烟《けぶ》れる霜新《しもあらた》なり。近き山には、自《おのづか》ら黄葉《もみち》の林に散る色を覧《み》、遙《とほ》き海には、唯《ただ》蒼波《なみ》の磧《いそ》に激《たぎ》つ声を聴《き》く。茲宵《こよひ》茲《ここ》に、楽《たの》

しみこれより楽しきは莫《な》く、偏《ひとへ》に語《かた》らひの甘《あま》き味《あぢはひ》に沈《おぼ》れ、頓《ひたぶる》に夜の開《あ》けむとすることを忘る。俄《にはか》にして鶏《とり》鳴き狗《いぬ》吠《ほ》え、天暁《そらあ》けて日《ひ》明《あきら》かなり。爰《ここ》に僮子《うなゐら》等、為《せ》むすべを知らず、遂《つひ》に人に見らるるを愧《は》ぢて、松の樹《き》と化成《な》れり。郎子《いらつこ》を奈美松《なみまつ》と謂《い》ひ、嬢子《いらつめ》を古津松《こつまつ》と称《い》ふ。古《いにしへ》より名を着《つ》けて、今に至るまで改《あらた》めず。

〈現代語訳〉

郡衙《ぐんが》の東方二三里のところに高松の浜がある。大海の波によって流し寄せられてきた砂貝とが、積もり積もって高い丘をなしており、そこには自然に松林ができている。その林には椎《しい》や柴《くぬぎ》も入り混じっていて、今ではまるで山野のようである。あちらこちらの松の下には泉が湧き出ており、（いずれも）その周囲は八九歩程度である。たいそう清らかな水で、味はとてもうまい。慶雲《きょううん》元年に、国司であった婇女朝臣《うねめのあそん》が、鍛冶《かじ》師の佐備大麿《さびのおおまろ》たちを連れてきて、若松《わかまつ》の浜に産する浜砂鉄を採り、（これで）剣を造った。ここ高松の浜から南方、軽野《かるの》の里《さと》から若松の浜に至る間の三十里あまりは、ずっと松山が続いている。（この松山に）伏《まっ》苓《ほど》と伏神《ねあるまつほど》を産し、毎年それらを掘る。さて若松の浦は、これ常陸《ひたち》・下総《しもつふさ》両国の国境である。（その若松の浦の）安是《あぜ》の湖《みなと》に産する砂鉄は、剣に造るとたいそうよく切れる（剣となる）。しかしながら、そこは香島の神の神域にあたるので、だれでもが気軽にそこに入って松を伐ったり砂鉄を掘ったりすることはできない。

郡衙《ぐんが》の南方二十里のところに浜《はま》の里《さと》がある。その東方の松山の中に、一つの大きな沼がある。（これを）寒田《さむた》という。沼の周囲は四五里程度であり、鯉《こい》や鮒《ふな》が棲《す》んでいる。之万《しま》・軽野両郡の田は（この沼があるおかげで）少しく潤《うるお》っている。軽野から東方の大海の浜辺には、漂着した大きな船がある。長さ十五丈、巾は一丈余もあり、波に打ち摧《くず》されてしまって砂に埋まっており、今に至るまで遺っている。淡海《おうみ》の世（天智朝）に、国土を探し求めるために（人を）派遣しようとして、陸奥《みちのおく》の国の石城《いわき》の大工に命じて大船を作らせたが、この地までできて流れ着き、たちまちこわれてしまったという。

（軽野の里の）南に童子女《うない》の松原がある。昔、年若い僮子《うない》がいた。土地の人々は（僮子のことを）、「かみのおとこ」「かみのおとめ」と言っていた。男の僮子《うない》を那賀《なか》の寒田《さむた》の郎子《いらつこ》といい、女の僮子《うない》を海上《うなかみ》の安是《あぜ》の嬢子《いらつめ》といった。二人ともそろって容姿容貌が整っていて美しく、近郷近在に光りかがやいていた。さてこの二人は、お互いに相手の評判を伝え聞いて、二人同じように逢いたいと願うようになり、その気持をじっとがまんしてこらえていることができなくなってしまった。月日が経って、嬥歌《ちょうか》のつどい 土地の人々は、これを「うたがき」とも「かがい」ともいう。の際に、二人は偶然に出会った。その時に、郎子《いらつこ》が歌っていうには、

いやぜるの　安是《あぜ》の小松《こまつ》に　木綿《ゆふ》垂《し》でて　吾《わ》を振《ふ》り見《み》ゆも　安是子《あぜこ》し舞《ま》はも

（海上《うなかみ》の安是のおとめが、手に持った安是《あぜ》の小松に木綿《ゆう》をかけ垂らして、私に向って振りながら舞っているのが見える。まるで私の魂をゆり動かそうとするかのように）

嬢子《いらつめ》は、これに答えて歌った。

潮《うしを》には　立《た》たむと言へど　汝夫《なせ》の子《こ》が　八十《やそ》島隠《しまかく》り　吾《わ》を見《み》さば知《し》りし

（あなたは歌垣《うたがき》の群衆の中に立ち交っていらっしゃっても、そしていとしいあなたが、その群衆の中に隠れていらっしゃっても、あなたは私のことをじっと見つめていらっしゃったから、あなただとわかったのですよ）

（そんな歌のやりとりの後）二人はこもごも語りあいたいと思い、（だが）他人に（二人の仲を）知られるのを恐れて、歌場《うたがき》の場からのがれ出て、松の木の下に隠れて、手をとりあい膝《ひざ》をすり合わせるようにして、（仲むつまじく）お互いの恋の心を打ちあけ、今までたまっていた心の憂いを吐き出した。もはやこれまでにたまり積もっていた恋の苦しみも解け、こんどは新しい喜びにあふれて、自然に笑みが次々と浮かんでくる。時あたかも玉の露が木末《こずえ》に置き、秋風が澄んだ音をたてる季節である。ところはまさに皎々《こうこう》と月の照らす、鳴く鶴《つる》が帰って行く海辺の洲であり、また颯々《さつさつ》たる松風のうたう、わたる雁《かり》が帰って行く山なすところである。山は静寂に包まれ、岩間の清水もどこかもの古《ふ》りており、夜はもの淋しくて、烟《けぶ》る霜がもの新しい。近くの山には、はっきりと黄葉が林の中に散るのが見え、はるか遠くの海には、ただ蒼《あお》い波が磯《いそ》に当たって砕ける音が聞こえるだけである。今宵《こよい》ここに、二人にとってこれにまさる楽しみは他になく、ひたすら甘い語らいにひたりふけり、夜がまもなく明けようとしていることなど、すっかり忘れてしまっていた。突如として鶏《とり》が鳴き狗《いぬ》が吠《ほ》えて、空は明け日光が明るく照りかがやいた。ここに僮子《うない》たち二人は、どうしてよいかわからなかった。とうとう人に見られることを恥じて、二人して松の木となった。郎子《いらつこ》を奈美《なみ》松といい、嬢子《いらつめ》を古津《こつ》松という。昔から（松に）この名をつけて、今に至るまで改めていない。

〈注〉

○**高松《たかまつ》の浜**　鹿島郡鹿島町東南部の砂丘地帯で旧高松村付近をいう。この一帯は鹿島浦とも呼ばれている。

○**大海《おほうみ》**　鹿島灘を指す。この一条は貝塚の生因についての説明か。

○**東西《をちこち》**　『大系』は「東南」の誤りとして一つの出泉の意に解しているが、ここでは諸本の「東西」のままで、この付近一帯が湧水地であることを示すと解しておく。

○**太好《いとよ》し**　出泉の水の味のよいことを言ったもの。

○**慶雲《きやううん》の元年《はじめのとし》**　文武天皇の代で七〇四年。風土記撰進の詔が出された和銅六年からわずか九年前である。

○**国司《くにのつかさ》婇女朝臣《うねめのあそみ》**　『続紀』に見える釆女朝臣枚夫《ひらふ》を指しているか。同書によれば慶雲《きやううん》元年従六位上から従五位下、同四年従五位上御装束司、和銅三年近江守、同四年正五位下に叙せられている。また『懐風藻《かいふうそう》』に「春日侍宴応詔《えんにはべりてみことのりにおうず》」の詩文をも残しており（この時正五位上近江守《おうみのかみ》）、文人でもあった。

○**鍛《かぬち》**　『新撰字鏡』に「⿰金師、加奴知《かぬち》」とある。金属類を鍛えて種々の器具を作ること。また、その仕事に従事する人の意。「カヌチ」は「金打《カナウチ》」の意であろう。

○佐備大麿《さびのおほまろ》 他書に見えないが、鍛冶を職業とした工人であろう。「佐備」は氏の名か。なお「サビ」は鉄刀または鋤《すき》の類を指す語。

○若松《わかまつ》の浜の鉄《まがね》 この記述に従えば若松の浜で鉄を採り高松の浜で剣を作ったことになる。

○鉄《まがね》『万葉集』に「麻可祢布久《まかねふく》丹生《にふ》の真朱《まそほ》の」(巻十四・三五六〇)などとあるように「マガネ」は鉄のこと。ここは海浜で採れる浜砂鉄を指していると思われる。日本古来の砂鉄製錬法ではタタラによって銑鉄《せんてつ》を採り出しているが、その際莫大《ばくだい》な木材が消費された。また、砂鉄製錬に際しては松材が最良とされていた。当国風土記がこの近辺の松山のことを記しているのもこのことと無関係ではなかろう。

○軽野《かるの》の里《さと》 元は下総《しもうさ》国海上郡に所属していたことは前文に見える。鹿島郡神栖村神池《こうのいけ》から東南方にわたる地域という。『和名抄』郷名部に「軽野」と見える。

○若松《わかまつ》の浜 神池《こうのいけ》の東方奥野谷・日川から波崎町北部にいたる海辺の丘陵地。

○伏苓《まつほど》『和名抄』に「伏苓」を「麻豆保止」と訓む。『典薬寮式』諸国進年料雑薬の条、常陸国二十五種の中に見える。松の下に生じる塊状の薬草。

○伏神《ねあるまつほど》 伏苓のうち根のあるものをいうか。『典薬寮式』には見えない。薬草であろう。

○若松《わかまつ》の浦《うら》 若松の浜の東南端、利根川河口の地を指すと思われる。安是《あぜ》の湖《みなと》もほぼ同地。

○沙鉄《すなごのあらがね》 浜砂鉄を指す。○香島《かしま》の神山《かみやま》 香島神宮の神領・神域となっていることをいう。

○松を伐《き》り鉄《まがね》を穿《ほ》る　「鉄を穿る」とあるが、山砂鉄を採掘する意ではない。松は伏苓《まつほど》・伏《ねある》神《まつほど》を採る目的ではなく、おそらく砂鉄製錬のための松材であろう。
○浜《はま》の里《さと》　鹿島郡神栖村高浜を遺称地とする。『和名抄』郷名部に「幡麻」と見える。
○寒田《さむた》　元常陸国那賀郡に所属していたこと前文に見える。神栖村にある神池《こうのいけ》であるという。
○之万《しま》　鹿島郡神栖村息栖の地。浜の里の北隣の地。『和名抄』（高山寺本）郷名部に「中島」と見える地か。
○軽野《かるの》より以東《ひむがし》の大海《おほうみ》の浜辺《はまべ》　鹿島灘に面した奥野谷・知手浜付近という。
○潤《ひろ》さ　船の内側の幅をいう。
○国覓《くにま》ぎ　『神代紀』（下）に、「覔国」に「矩《ク》弐《ニ》磨《マ》儀《ギ》」と訓注がある。住むのによい国土を探し求める意。ここは東北地方の国状の探検調査を指すか。
○童《う》子《な》女《ゐ》の松原　遺称地なく所在地は定かでないが、鹿島灘沿いの若松の浜近辺であろうか。鹿島郡波崎町波崎にある手子崎神社とこの伝承とは関係を持つと考えられる。なお『全書』を始め旧訓が「童子女」を「をとめ」と訓むのは「童女」の意であり従い難い。
○僮子《うなゐ》　『和名抄』に「髫髪、宇奈井、俗ニ用フ二垂髪二字一ヲ、謂《い》フ二童子ノ垂髪一ヲ也」とあるように、髪を結い上げず、垂らして頸《くび》のあたりでまとめた髪形を「うなゐ」といい、またその髪形をした男女をも「うなゐ」と呼んだものか。七、八歳から十二、三歳までの子供の髪形。「うなゐ」は「頸率《うなゐ》」が原義という。なお上文に「童子女」とあるのは、童子と童女を一つにまとめたものか。

○加味乃乎止古《かみのをとこ》・加味乃乎止売《かみのをとめ》　神性を帯びた男女の意で、神に奉仕した者であろう。巫祝《ふしゅく》的性格の者とすれば、『天武紀』十三年の詔《みことのり》などに見られるように、年齢にかかわらず垂髪、つまりウナヰであった。

○那賀《なか》の寒田《さむた》の郎子《いらつこ》　上文に見える寒田の地を本居とし、その地がかつて那賀国造の所領の地であったことによる名であろう。

○海上《うなかみ》の安是《あぜ》の嬢子《いらつめ》　上文に見える安是の湖の地を本居とし、その地が古く下総《しもうさ》国海上国造《くにのみやつこ》の所領地であったことにちなむ名であろう。

○端正《きらきら》しく　『日本霊異記《りょういき》』の訓注に「端正岐良支良シ」とある。容姿・容貌が整っていて美しいさまをいう。**○郷里《さと》**　「郷」も「里」も同義。近郷近在の意であろう。

○光華《かかや》けり　二人が美男・美女であることを言ったもの。

○同《とも》に望《ねがひ》を存《おこ》し　二人が同時に逢いたいという気持を抱いたのである。

○自《おのづか》ら愛《いつく》しみ　自分で自分を抑えられなくなる意か。

○心滅《な》えぬ　「なゆ」は全身、ことに手足の力が抜けて正常に働かなくなる意。ここでは恋慕のあまり病人のようになってしまったことをいう。

○嬥歌《てうか》　注にあるように歌垣《うたがき》を指す。この文字は漢籍に見られる例で、『文選《もんぜん》』魏都賦に倣《なら》ったものか。「嬥」は踊りはねる意。なお『万葉集』巻九、高橋虫麿《むしまろ》歌集から引いた歌（一七五九）の注記に「嬥歌は東の俗語にかがひと曰《い》ふ」とある。

○**加我毗**《かがひ**》**　歌垣《うたがき》の東国方言か。当時の問答の形式が、互いに相手のことば尻《じり》をとらえて、それを利用しながらかけ合っていたと思われるが、その歌のカケアフ、カキアフから出たカガフの名詞化した語といわれる。

○**いやぜるの**　語義未詳。地名「安是《あぜ》」にかかる称辞と説かれているが定かでない。『大系』は「イヤシルク（弥著）アク（夜明）とかかる語の音訛か」と説いている。

○**安是**《あぜ》**の小松**《こまつ》**に**　松は手草《たくさ》の品。松の枝に木綿を垂らしたものを振るのは、タマフリの神事的な意味合いを持っているのであろう。

○**我**《わ》**を振**《ふ》**り見**《み》**ゆも**　「を」は「……に向って」の意であり、自分の方に手草を振っている意であろう。自分の方を振り向いている意ではあるまい。

○**安是子**《あぜこ》**し舞**《ま》**はも**　「安是小島はも」の意に解し、女を小島にたとえたものとする説もある。ここでは、「舞はも」は「舞ふも」の東国方言とみて、神女とされた女であることも考え、手草を持ち、女が舞い踊っているさまと解した。

○**潮**《うしを》**には**　歌垣《うたがき》の群衆を潮に見立てたものか。

○**八十島隠**《やそしまかく》**り**　歌垣の群衆を「八十島」と見て、その群衆の中に隠れるようにいることを言ったもの。男の歌の「アゼコシマ」を「小島」と取って「八十島」と転じて承《う》けたものか。

○**吾**《わ》**を見さば知りし**　「吾を見さ走り」と解し、男が女のもとに走り寄って来る意とする説もある。おそらく「我を振り見ゆも」に応じた表現であろうから「我を見さば知りし」と解したい。「見さば」は「見る」の敬語動詞「見す」の已然形「見せ」に「ば」のついた「見せば」の東国方言という（日本古典文学大系『古代歌謡集』補注）。

○**歌場**《うたがき》　従来「うたがきのには」「あそびのには」と訓《よ》んでいるが、『武烈《ぶれつ》即位前紀』に「歌場、此をば宇《う》多《た》我《が》岐《き》と云ふ」とあるのに従った。

○**膝**《ひざ》**を促**《ちかづ》**けて**　膝と膝とをすり合わせるようにしての意で、きわめて親密なさまを言ったもの。

○**杪**《こぬれ》**なる候**《とき》　晩秋の季節をいう。「杪候」は下の「令節」と対句をなしている。

○**金**《あき》**の風**《かぜ》　金は五行説で秋にあたる。○**西**《かへ》**る洲**《す》　下の「東《ゆ》く岾《やま》」と対をなしている。

○**鶏**《とり》**鳴き狗**《いぬ》**吠**《ほ》**え**　夜が明けたことを具体的に表現したもの。

○**奈**《な》**美**《み》**松**《まつ》　勿《な》見《み》松《まつ》の意か。前文の「人に見らるるを愧《は》ぢて」を承《う》けて「見ないでくれ」の意とも、禁忌の松で見触れることを避ける意とも解される。

○**古**《こ》**津**《つ》**松**《まつ》　子（恋しい男）を待《ま》つ（松に待つをかけた）意とも、木屑《こつ》松でやはり禁忌の木とも解されている。

〈解説〉

童《う》子《な》女《い》の松原に伝えられた、歌垣の場における悲恋の物語は、例によって六朝的な漢文素養を持った『風土記』筆録者の手によって、あたかも大陸渡来の文芸作品ででもあるかのような流麗な美文として記されているのであるが、その文飾の背後には、紛《まぎ》れもない日本古代の人々の生活がうかがわれる点にこそ、この物語の本質があると言ってよい。

まず第一に、挙げられた二首の歌謡は、いずれも歌垣という特定の場における集団歌謡であり、しかも前の歌が明言しているとおり、その歌垣は同時に神祭りの場の歌謡であった。おそらく歌垣は、奈美松《なみまつ》・古津松《こつまつ》と名付けられた特異な―あたかも人二人が寄り添うかのような姿であったろう―二本の松を中心とする浜辺で行われていたのであろう。注記にある通り、この二人が神の男・神の乙女、すなわち神に仕える男女であったことが、単なる性的解放を伴なう農耕儀礼的な歌垣での歌謡以上の意味を持ち得ていると同時に、神聖な男女であったが故に、ついには松と化すことも可能であったのである。この物語のより古い形では、男女は神に仕える者ではなく、神そのものであったかもしれない。

次に、古代人の夜明けに対する特別な意識を問題にしなければならない。二人が松に身を変えねばならなかったのは、「人に見らるるを愧《は》ぢ」たことが重要であったのではなく、「鶏《とり》鳴き狗《いぬ》吠《ほ》え、天《そら》暁《あ》けて日《ひ》明《あきら》か」なる時の到来の故であった。すでに益田勝実氏により明らかにされているように（「黎明」『火山列島の思想』所収）、古く〈夜明け〉は夜と朝の間にある時間の推移過程の一コマなどではなく、第一に、それは〈カミ〉や〈オニ〉の退場の時刻であり、第二に、その時刻の到来は〈カミ〉や〈オニ〉のやりかけの仕事も停止してしまわねばならない約束があり、第三に、停止された仕事は一瞬にして永遠に凝固し、岩・山・

木と化すことになっていたのである。全国各地の伝説や昔話に、こうした取り決めの在ったことを示す例の多いことは、「瘤《こぶ》とり爺さん」の例一つからでも容易に察せられよう。童子《うな》女《い》の男女もまた、彼らが普通の人間ではなく、神の男、神の乙女であったが故に、〈夜明け〉という特別な時刻の前では、その取り決めから逃れられず、松と化して永遠に凝固せざるを得なかったのである。

第三に、この物語は、たとえ歌垣という日常的な制約から解放された場においてさえも、婚約以前の男女が時を過ごして会うことを戒めた、いわば集団的規制を語っている点にも触れておきたい（折口信夫氏「風土記の古代生活」『折口信夫全集』第八巻所収）。歌垣といえどもまったくの自由奔放な無秩序な行事ではなく、あくまでも神祭りの行事の一環として行われたものである以上、〈カミ〉の退場を告げる〈夜明け〉の到来とともに、その行事は速やかに幕を閉じられるべきものであった。そうであればこそ、歌垣の場における戒律として、この物語が位置づけされていることも納得されるのである。

なお、当国風土記筆録時には、すでに彼の地の手古崎神社の神木とされていた二本の松の命名由来譚として伝えられていた可能性のあることも指摘しておきたい。

十七　香島郡 (四)

郡《こほり》の北三十里に、白鳥《しろとり》の里《さと》あり。古老《ふるおきな》の曰《い》へらく、伊久米《いくめ》の天皇《すめらみこと》の世《みよ》に、白鳥有《しろとりあ》り。天《あめ》より飛び来たり、僮女《をとめ》と化為《な》りて、夕《ゆふべ》に上《のぼ》り朝《あした》に下《くだ》る。石を摘《ひろ》ひて池を造《つく》り、其《そ》が堤《つつみ》を築《つ》かむとして、徒《いたづら》に日《ひ》月《つき》を積《つ》みて、築《つ》きては壊《く》えて、得《え》作成《な》さざりき。僮《をと》女《め》等《ら》、

白鳥《しろとり》の　羽《は》が　堤《つつみ》を　つつむとも　あらふまもうきはこえ

斯《か》く口口《くちぐち》に唱《うた》ひて、天《あめ》に升《のぼ》りて、復降《またくだ》り来《こ》ざりき。此《これ》に由《よ》りて、其《そ》の所を白鳥《しろとり》の郷《さと》と号《なづ》く。〔以下略《はぶ》く〕

以南《みなみ》に有る所の平原《はら》を、角折《つのをれ》の浜と謂《い》ふ。謂《い》へらくは、古《いにしへ》、大蛇《をろち》有り。東の海に通《いた》らむと欲《おも》ひて、浜を掘りて穴を作りしに、蛇《へみ》の角折《つのを》れ落ちき。因《よ》りて名づく。或《ある》ひと曰《い》へらく、倭武《やまとたける》の天皇《すめらみこと》、此の浜に停宿《やど》りまして、御膳《みけつもの》を羞《すす》め奉《まつ》りし時、都《かつ》て水無《な》かりき。即《すなは》ち、鹿《か》の角《つの》を執《と》りて地《つち》を掘りしに、其《そ》の角折《を》れ為《た》りき。この所以《ゆゑ》に名づくといひき。〔以下略《はぶ》く〕

〈現代語訳〉

郡衙《ぐんが》の北方三十里のところに白鳥《しろとり》の里《さと》がある。古老は伝えて次のように言っている。—伊《い》久米《くめ》の天皇（垂仁天皇）の時代に、（この地に）白鳥がいた。白鳥は天から飛んできて僮女《おとめ》となり、夕方になると（天に）上り、朝になると下っていた。（白鳥の僮女《おとめ》は）石を拾ってきては（水をせきとめて）池を造り、その池の堤を築こうとしたが、いたずらに月日だけが積み重なるのみで、（堤の方は）築いてはこわれ築いてはこわれして、完成させることができなかった。僮女たちは、

白鳥《しろとり》の　羽《は》が　堤《つつみ》を　つつむとも　あらふまもうきはこえ

（白鳥の羽が石を拾いあつめては堤を築こうとするが……）

このように口々に歌って天に登り、二度ともどっては来なかった。このことによって、その地を白鳥《しろとり》の郷《さと》と名づけたのである—と。〔以下は省略する〕

（白鳥の里の）南方にある平原を、角折《つのおれ》の浜という。そういうわけは、—昔（この地に）大蛇が棲んでいた。東方にある海に出ようと思って、浜を掘って穴を作ったのだが、そのとき（蛇の）角《つの》が折れて落ちてしまった。それゆえ（角折の浜と）名づけたのだ—と。また別の人はこうも言っている。—倭武《やまとたける》の天皇が、この浜で仮の宿をおとりになり、そのお食事をさしあげようとしたところ、お飲みになる水がまったくなかった。そこで鹿《しか》の角を手にして地面を掘ったところ、その角が折れてしまった。それだから（角折の浜と）名づけたのだ—

と。〔以下は省略する〕

〈注〉

○**白鳥《しろとり》の里《さと》**　下文の歌の詞《ことば》により「しろとり」と訓む。鹿島郡大洋村中居に白鳥山照明院という寺があり、この山号が遺称という。『和名抄』郷名部に「白鳥」とある。

○**白鳥有《しろとりあ》り**　必ずしも白鳥《はくちょう》と断定はできない。単に白色の鳥をいうか。白鳥は神霊を持つ鳥と考えられていた。『豊後国《ぶんごのくに》風土記』総記によれば、白鳥を瑞祥《ずいしょう》（めでたいしるし）とみていたことが知られる。

○**天《あめ》**　高天原《たかまがはら》世界をいうのではなく、単に天上をいうものであろう。

○**僮女《をとめ》と化為《な》りて**　白鳥が地上に降りて乙女（天女）の姿となるのは〈白鳥説話〉と呼ばれる一類の説話に共通する要素である。なお〈解説〉参照。

○**夕《ゆふべ》に上《のぼ》り朝《あした》に下る**　日没とともに天上に帰り上り、夜明けとともに地上に降りて来る。夜は〈カミ〉の世界にあり、昼は〈ヒト〉の世界にある意か。

○**石を摘《ひろ》ひて池を造《つく》り**　石を積み上げて水をせき止め、池を作ろうとするのである。〈白鳥説話〉によく見られる天女の水浴する池と関係しているか。『東洋文庫』は、祭祀遺跡にみられる環状石（ストーンサークル）または貝塚と見ている。

○**壊《く》えて**　「壊《く》ゆ」はヤ行下二段動詞。崩れる、の意。

○**白鳥《しろとり》の**　池の堤が未完成に終わったことを歌っているのであろうが、誤脱のためであろうか、歌意を解し難い。栗田寛氏の『標注古風土記』では「白鳥の石《いは》が堤《つつみ》を包むとも洗ふまも憂《う》きはこえしろとり」と試訓し、「斯口口《かくくちぐち》」を地の文ではなく歌の末尾とみて「斯呂《しろ》」としている。『大系』はこの歌未完結であろうとしている。

○**羽《は》が**　羽で石を拾い集める意か。羽で堤を作ることをいうか。

○**あらふまもうき**　諸注「在らふ間も憂き」「洗ふ間も憂き」などと解しているが、『大系』は「粗斑《あらふ》・真白《ましろ》き」と訓んで「羽に粗《あら》い斑文のあるのをいうか」としている。

○**はこえ**　「こえ」は「くゆ」の東国方言であり、羽が壊れ損《そこな》われる意であろうか。『最勝《さいしょう》王経音義《おうぎょうおんぎ》』に「懐（壊の誤りか）己《コ》衣《エ》太《タ》リ」とあるのも注意される（『時代別大辞典』による）。

○**天《あめ》に升《のぼ》りて**　「升」は「昇」に同じ。前文に「上」「下」を用いたのに対し、ここでは「昇（升）」「降」を用いているのは、漢文修辞である。

○**角折《つのをれ》の浜**　鹿島郡大野村角折が遺称地という。○**東の海**　鹿島灘を指す。

○**通《いた》らむ**　「通《かよ》はむ」と訓んで往来の意とする説が多いが、ここでは『大系』に従い海に出ようとした意としておく。

○**蛇《へみ》の角《つの》**　蛇に角があると考えられていたことは、行方郡の夜刀《やと》の神の条にも見えている。

○**都《かつ》て**　下に打消の表現を伴ない、まったく、いっこうに、の意を表わす語。

○**鹿《か》**　『和名抄』に「鹿、賀、斑獣也、牡鹿曰㆑麚、日本紀私記云、牡鹿、佐乎之加、牝鹿曰㆑

麑、米賀」とあるように、元来、鹿の総称はカであり、シカは牡鹿の称であったと思われる。古代猪《いのしし》と並んで代表的な食肉獣とされたほか、その肩甲骨《けんこうこつ》は焼いて卜占《ぼくせん》に用いられた。なお、鹿は香島神宮では神鹿《しんろく》とされている。

〈解説〉

この段の前半部はいわゆる〈白鳥説話〉と呼ばれる一群の説話の断片と考えられる。〈白鳥説話〉の典例は『帝王編年紀』養老七年の条にある、近江国伊香《いかご》の小江の話であるが、それと比較してみると、神霊である白鳥が地上に降りて乙女（天女）となる部分は共通するが、天女と人間の婚姻の話が欠落しており、話の結末でふたたび天上にもどる点は合致している。ただし、なぜ天上世界にもどったのかを説く部分は、鍵《かぎ》となる歌の意が釈然としないので不明というより他にない。あるいは歌とその後の地の文との間に、何か記述があったのではないかと思われる。すでに〈注〉でも挙げたように「斯く口口《くちぐち》に唱《うた》ひて」と訓んで地の文とするのは不審であり、歌の末尾と考えるべきかもしれない（「口口に唱」ったのは僮女《おとめ》と化した白鳥ではなく、人間の方であろうか）。ここでは池を天女の水浴する池とは見られないかと考えたが、白鳥（天女）が自ら池を築く話は他に例を知らず、それ以上は何とも言えない。

要は、〈カミ〉なる鳥の化した乙女と、〈ヒト〉との結びつきが不成功に終わり、〈カミ〉の子を地上に残すことのないままにふたたび〈カミ〉は去ってしまった話であるらしく、その点で、伊香《いかご》の小江の話のように、ある氏族の始祖説話とはなり得なかったものと見たい。

十八　那賀《なか》郡

那賀《なか》の郡《こほり》。東は大海《おほうみ》、南は香島《かしま》・茨城《うばらき》の郡《こほり》、西は新治《にひはり》の郡《こほり》と下野《しもつけの》の国との堺なる大き山、北は久慈《くじ》の郡なり。

〔最前《さき》は略《はぶ》く〕平津《ひらつ》の駅家《うまや》の西一二里に岡有り。名を大櫛《おほくし》と曰《い》ふ。上古《いにしへ》、人有り。躰《かたち》極《きは》めて長大《おほき》く、身は丘壟《をか》の上に居《ゐ》ながら、手は海浜《うみべた》の蜃《うむき》を摎《くじ》りぬ。其《そ》の食《くら》へる貝、積《つ》聚《も》りて岡と成《な》りき。時の人、大挎《おほくじり》の義《こころ》を取《と》りて、今は大櫛《おほくし》の岡と謂《い》ふ。其《そ》の践《ふ》み跡《あと》は、長さ四十余歩《あし》、広さ二十余歩《あし》、尿《ゆまり》の穴の径《わたり》は二十余歩許《あしばかり》なり。〔以下略《はぶ》く〕

茨城《うばらき》の里《さと》。此《これ》より以北《きた》に高き丘あり。名を晡時臥《くれふし》の山と曰《い》ふ。古老《ふるおきな》の曰《い》へらく、兄《あに》妹《おと》二人有りき。兄の名は努賀毗古《ぬかびこ》、妹《おと》の名は努賀毗咩《ぬかびめ》といふ。時に、妹、室《むろ》に在《あ》りしに、人有り、姓名《な》を知らず、常に求婚《よば》ひに就《つ》きて、夜来りて昼去《い》にしが、遂《つひ》に夫婦《めをと》と成り、一夕《ひとよ》に懐妊《はら》めり。産《こう》むべき月に至《な》りて、終《つひ》に小《ち》さき蛇《へみ》を生めり。明《あ》くれば言《こと》無きが若《ごと》く、闇《く》るれば母と語りき。是《ここ》に、母と伯《えをぢ》と、驚き奇《あや》しみ、心に神の子《みこ》ならむと挟《おも》ひ、即《すなは》ち、浄《きよ》き杯《つき》に盛りて、壇《うてな》を設《ま》けて安置《お》きしに、一夜《ひとよ》の間《ほど》に、已《すで》に杯《つき》の中に満《み》てり。更《また》、瓮《みか》に易《か》へて置けば、亦瓮《またみか》の内に満《み》ちぬ。此《かく》の如《ごと》きこと三たび四たびにして、器《うつはもの》を用《もち》ゐるに敢《あ》へず。母、子《みこ》に告げて云へらく、「汝《いまし》が器宇《うつはもの》を量《はか》るに、自《おのづか》ら神の子《みこ》なることを知りぬ。我が属《うから》の勢《いきほひ》は、養長《ひた》す可《べ》からず。父の在《いま》す所に従《ゆ》く宜《べ》し。此《ここ》に有る合《べ》からず」といへり。時に子《みこ》、哀《かな》しみ泣き、面《おもて》を拭《ぬぐ》ひて答《こた》曰へけらく、「謹《つつし》みて母の命《みこと》を承《うけたまは》りぬ。敢《あ》へて辞《いな》ぶる所無し。然れども、一身《ひとりみ》の独《ひとり》して去《い》なば、人の共《とも》に去《ゆ》くもの無し。望請《ねが》はくは、矜《あはれ》みて一《ひとり》の小子《わらは》を副《そ》へたまへ」といへり。

母の云へらく、「我が家に有る所は、母と伯父《えをぢ》とのみ。是《こ》も亦《また》、汝《いまし》が明らかに知る所なり。人の相従《したが》ふ可《べ》きもの無かる当《べ》し」といひき。爰《ここ》に子《みこ》、恨《うら》みを含《ふく》みて事吐《ものい》はず。決別《わか》るる時に臨《のぞ》みて、怒怨《いきどほり》に勝《た》へず、伯父《えをぢ》を震殺《かむときしてころ》して天《あめ》に昇《のぼ》らむとする時に、母驚動《おどろ》きて、盆《ひらか》を取りて投げ触《あ》てければ、子得《みこえ》昇《のぼ》らざりき。因《よ》りて、此の峰《みね》に留《とど》まりき。盛《も》りし所の瓮甕《みか》は、今も片岡《かたをか》の村に在り。其《そ》の子孫《すゑ》、社《やしろ》を立てて祭《まつり》を致し、相続《あひつ》ぎて絶えず。〔以下略《はぶ》く〕

郡《こほり》より東北、粟河《あはがは》を挾《はさ》みて駅家《うまや》を置けり。本《もと》、粟河《あはがは》に近くして、河内《かふち》の駅家《うまや》と謂《い》ひき。今も、本《もと》の随《まにま》に名づく。其《そ》の以南《みなみ》に当《あた》りて、泉《いづみ》、坂の中に出《い》づ。多《さは》に流れて尤《いと》清し。之《これ》を曝井《さらしゐ》と謂《い》ふ。泉に縁《よ》りて居《す》める村《むら》落の婦女《をみな》、夏月《なつ》に会集《つど》ひて布《ぬの》を浣《あら》ひ、曝《さら》し乾《ほ》せり。

〔以下略《はぶ》く〕

〈現代語訳〉

那賀《なか》の郡《こおり》。東は大海。南は香島《かしま》および茨城《うばらき》の郡。西は新治《にいはり》の郡と下野《しもつけの》の国との堺をなしている大きな山。北は久慈《くじ》の郡である。

〔前文は省略する〕平津《ひらつ》の駅家《うまや》の西方一、二里のところに（一つの）岡があり、名を大櫛《おおくし》という。大昔、（ここに）人がいた。その身体はきわめて大きく、体は丘の上にありながら、その手は（海辺にまで届いていて）、海辺の蜃《うむき》をほじくっていた。その食べた貝が積もり積もって、岡となった。その当時の人は「大いにほじくじった」という意味をとって（この地を「おおくじり」と名づけたが）、今では大櫛《おおくし》の岡といっている。その（大男の）踏んだ足跡は、長さ四十余歩、幅二十余歩あり、また小便をした（あとにできた）穴の直径は二十余歩ほどもある。〔以下は省略する〕

茨城《うばらき》の里《さと》。ここから北方に高い山がある。名を晡時《くれ》臥《ふし》の山という。古老はこの山について次のような話を語り伝えている。——（昔、この地に）兄妹二人が住んでいた。兄の名は努《ぬ》賀毗古《かびこ》といい、妹の名は努賀毗咩《ぬかびめ》という。ある時、妹が寝所にいたところ、姓名もわからない人がやってきて、（それからは）求婚をこととしていつもやってきて、夜になると訪れ、昼になるともどって行った。とうとう（妹はその人と）夫婦となり、一夜にして身ごもった。

さて出産の月になって、ついに小さな蛇《へび》を生んだ。（その蛇の子は）日のあるうちは一言も口をきかず、日が落ちて暗くなると、その母と語らうのである。それでその母と伯父《おじ》は驚き、また不思議に思い、心ひそかに（この蛇の子は）神の子であろうと思って、浄《きよ》らかな杯《つき》に（蛇の子を）入れて、祭壇を設けて安置したところ、一晩のうちにもう杯《つき》の中いっぱいに成長していた。そこで今度は瓮《ひらか》にとりかえて安置したところ、また瓮の中いっぱいに成長していた。

こんなことを三、四回繰り返すうちに、（蛇の子はあまりに大きくなって）入れてやる器がまにあわなくなってしまった。そこで、母親は子に告げて言った。「お前の器量をみると、お前が神の子であることははっきりとわかった。だが、もう我々一族の力ではこれ以上養育してやることができない。お前の父上のいらっしゃる所に行きなさい。ここにいてはいけない」と言った。その時、子供は泣き悲しんで、涙を拭《ふ》いて答えていうのには、「謹んで母上のおことばを承りました。あえて仰せに背くつもりはありません。けれども、行くのは私たった一人で、いっしょに行ってくれるものがおりません。おねがいですから、この私を哀れと思って、一人の童《わらわ》を従者として添えて下さい」と言った。（これに対し）母親は、「わが家にいるのはお前の母と伯父の二人だけで、このことはお前もまたあきらかに知っている通りです。お前に従わせられるような人はありません」と答えた。これを聞いた子は、恨みに思って一言も口をきかない。そしていよいよ別れるという時になって、子はその怒り憤りをがまんしきれず、伯父を震殺して、そのまま天に昇ろうとした。その時、母がびっくりして、瓮《ひらか》をとって（子に）投げつけたところ、（瓮にあたって）子は昇天できなかった。それでこの（哺時臥《くれふし》の）峰にとどまった。その蛇の子を入れた瓮甕《みか》は、今なお片岡の村に存《のこ》っている。その子孫たちは、社《やしろ》を建てて、（蛇神の）祭をし、代々続いて今日まで絶やさず祭っている―と。〔以下は省略する〕

郡衙《ぐんが》から東北方、粟河《あわ》をはさんで駅家《うまや》が設けられている。もとは粟河に（もっと）近くて、河内《こうち》の駅家《うまや》と言った。今でも、本の名に従って（河内と）名づけている。そこから南方に、泉が坂の中に湧き出ている所がある。その流れは多く、またたいそう清らかである。この（泉を）曝井《さらしい》という。泉の周辺に住んでいる村々の女たちは、夏になるとここに集まってきて布を洗い、日にさらし乾かすのである。〔以下は省略する〕

〈注〉

○**那賀《なか》の郡《こほり》**　現那珂郡の全域と東茨城郡北半の地域に相当する。『和名抄』郡名部に「那珂」と見え、同書には当郡に二十二の郷の在ったことを伝えている。

○**大海《おほうみ》**　鹿島灘《なだ》北方の太平洋。

○**平津《ひらつ》の駅家《うまや》**　東茨城郡常澄村平戸が遺称地という。『和名抄』『延喜式』の駅名には見えない。

○**大櫛《おほくし》**　東茨城郡常澄村大串を遺称地とする。海岸から約五キロ半の地であるが、この付近からは貝塚が見つかっている。○**躰《かたち》**　身の丈をいう。

○蜃《うむき》『本草和名』に「海蛤宇牟岐乃加比」と見える。今日のハマグリ、または大ハマグリを指すという。
○摎《くじ》りぬ　砂の中からほじくり出して食べていたことをいう。
○岡　いわゆる貝塚である。なお現在に大串貝塚と呼ばれて遺《のこ》っている。
○大挎《おほくじり》　諸本「不朽」とあるが、「おほくし」の地名の由来故、『大系』に従い「大挎」と改めた。あるいは「大朽《おほくち》」で貝塚の貝が風化していたことをいったものか（『鑑賞日本古典文学』による）。
○長さ四十余歩《あし》　巨人の足跡の長さをいったもので、一歩《あし》は約一・八メートル。
○尿《ゆまり》の穴　水のたまった池を、巨人の小便のあとの水たまりとするのであろう。
○茨城《うばらき》の里《さと》　西茨城郡友部町小原付近という。前文茨城郡総記中で、かつて茨城郡家が設置されていた地。『和名抄』郷名部に「茨城」と見える。
○晡時《くれ》臥《ふし》の山　東茨城郡内原町牛牧の地付近が晡時《くれ》臥《ふし》の里で、山はその北の朝房《あさぼう》山という。晡時《くれ》は申《さる》の刻で日暮れ時の意。
○努賀毗古《ぬかびこ》・努賀毗咩《ぬかびめ》　『姓氏録』左京神別・上毛野《かみつけぬ》朝臣《あそん》の条に、雄略天皇の世に、努賀《ぬか》君の男百尊が応神天皇陵の傍らで騎馬の人と出合い、馬を交換して翌朝その馬を見たら土馬となっていた、という話を載せ、これが故に努賀君は陵辺君の姓を賜わり、後、田辺史《たなべのふひと》・上毛野公《かみつけぬのきみ》・上毛野朝臣《あそん》と姓《かばね》を改めたとある。この記述によれば、晡時《くれ》臥《ふし》山の話は、努賀君（田辺史・上毛野公・上毛野朝臣）の持ち伝えてきた伝承と考えられる。
○室《むろ》　四囲がきっちりふさがれた部屋の意。ここでは寝所を言ったものか。
○求婚《よばひ》に就《つ》きて　就《つ》くは従事するの意。求婚をこととしての意。
○一夕《ひとよ》に懐妊《はら》めり　いわゆる「一夕妊《ひとよばら》み」は異類婚説話にはしばしば登場する。
○明《あ》くれば　蛇体の子の不思議を言ったもの。日中はまったく口をきかず、夜になるとその母と話をするという。夜、活動するのは〈カミ〉の時間であったからである。
○伯《えをぢ》　母の兄であるから「伯」字を用いている。努賀毗古《ぬかびこ》を指す。
○浄《きよ》き杯《つき》　清浄で神に供える品を盛るための、素焼きの浅い器。
○壇《うてな》　祭壇をいう。○安置《お》きしに　蛇を神として祀ったので「安置」の字を用いている。
○瓮《みか》　醸酒に用いた大きなかめをいう。あるいは「ひらか」と訓んで、皿または盆に似た容器とするか。
○器《うつはもの》を用《もち》ゐるに敢《あ》へず　蛇があまりに大きくなって入れてやれる容器がなくなってしまったことをいう。○器宇《うつはもの》　器量、力量、能力などの意。
○我が属《うから》の勢《いきほひ》　我々一族の勢力・財力の意。
○養長《ひた》す　日足《ひた》す（成長の日数を足らす）意で、（乳幼児を）養育すること。
○父　この話では父については、夜な夜な通ってきて名が不明であるとするのみで、父に関する話がないが、雷神のようである。○矜《あはれ》みて　「憐」と同義。哀れむの意。

○小子《わらは》　従者としての童《わらわ》をいう。

○震《かむときして》殺《ころ》して天《あめ》に昇《のぼ》らむ　「震」は「雷」の意で、落雷をいう。おそらくは、雷神の子であった蛇が、本来の雷神としての本性をあらわして、落雷によって伯父を殺したとするのであろう。「天に昇らむ」とあるので、父なる人（＝雷神）は天上にいたことが知られる。

○盆《ひらか》　祭祀用の素焼きの皿状容器と思われる。土器にある種の呪力《じゆりよく》があると信じられていたのであろう。

○盛《も》りし所の甕《みか》　蛇神を入れた容器類。おそらくは下文片岡の村に設けられたという神社の祭祀用具をいうと思われる。

○片岡《かたをか》の村　朝房山西麓《せいろく》の笠間市大橋付近という。○其《そ》の子孫《すゑ》　努賀《ぬか》君一族の後裔《こうえい》をいう。

○社《やしろ》を立《た》てて　式内社の藤神社というが定かでない。

○郡《こほり》　那賀郡郡家は水戸市西郊の赤塚村河和田付近にあったという。

○粟河《あはがは》　那珂川の古名。この川の上流に阿波郷の在ったことにちなむ名と考えられる。

○挟《はさ》みて　川の両岸に駅家の施設があったことをいうか。

○粟河《あはがは》に近くして　『大系』は「近」を「迊」に改め「めぐらし」と訓み、駅家をとりまくように川が流れており、それ故に「川の内《うち》（＝河内）」の駅家《うまや》と名付けられていたと解している。

○河内《かふち》の駅家《うまや》　水戸市渡里町および那珂川をはさんだ対岸の中河内が遺称地という。『和名抄』

『延喜式』の駅名に「河内」と見える。

○本《もと》の随《まにま》に名づく　駅家自体の位置が変わったか、あるいは駅家をとりまく地形が変わったかしたが、名前だけは以前と同じである、の意。

○曝井《さらしゐ》　水戸市愛宕町の滝坂の泉を遺蹟としている。『万葉集』に「三栗《みつくり》の那賀に向へる曝《さらし》井《ゐ》の絶えず通はむそこに妻もが」（巻九・一七四五）という歌が見えているが、この「那賀の曝井」も常陸であるとする説が有力である。

○布《ぬの》を浣《あら》ひ、曝《さら》し乾《ほ》せり　地名説明の型にはなっていないが、布を曝《さら》した泉であるから、「曝井《さらしゐ》」と名づけたというのであろう。なお布を洗い曝すのは漂白するためであったと思われる。

〈解説〉

この段前半は、大串貝塚にまつわる巨人伝説で、日本最古の貝塚の記録でもある。縄文《じょうもん》時代の生活遺跡である貝塚は、関東地方にその遺跡が多く、ことに霞ケ浦周辺に集中的に見られるのであるが、その貝塚生成の理由がいつの間にか忘れ去られ、ついには巨人伝説と結びついて、その生成が語られるようになったのであろう。この巨人は、後代「ダイダラ坊」と呼ばれ全国各地の伝説に登場する巨人と同じ性格を持っており、同様な例は、『播磨《はりま》国風土記』託賀《たか》郡冒頭にも見えている。また、巨人と記されない神々の中にも、『出雲《いづも》国風土記』に見える、〈国引き〉に活躍した八束水臣津野《やつかみづおみつの》命、『播磨国風土記』讃容《さよ》郡久都野《くつの》の条に見える彌麻都比古命《みまつひこの》など、巨人伝説を背後に持つ伝承もある。したがって「ダイダラ坊」登場以前から、そのような巨人伝説はかなり広く存在していたと思われるのである。

次に挙げられている晡時臥山《くれふし》の蛇神の話は、土地と密接に結びついていながら、地名起源の話としてではなく、努賀《ぬか》君一族の始祖神話という形で語られている点に注意したい。話の末尾に「其の子孫、社を立てて祭を致し、相続ぎて絶えず」とあるからには、蛇神の後裔《こうえい》がこの地に代々住み、その蛇神を祭り続けているのであろうが、この話は晡時臥山の地名の由来に結びつくこともなく、また話の中に地名の起源を一つも含まない点で、『風土記』の主要記事である地名起源記事とは別種の性格を持つ伝承だとしなければならない。吉野裕氏は、この点から「氏族という血縁的共同体の伝承は、晡時臥山ではこういうことがあった、と伝えはするが、だから、あの地名はこうなのだ、というふうな地縁性をもたない」(「風土記の世界」『岩波講座・日本文学史・古代』所収)とし、地名説話とそれ以外の説話を、地縁的社会の産物と血縁的社会の産物との相違であるとしている。

また、氏族の始祖伝承と見た場合、神蛇は確かに晡時臥山にとどまっているのであるが、これを始祖として祭る側《がわ》は努賀毗古《ぬかびこ》は殺されているのであるから、実際に子孫とはどんな人を指すのであろうか。また神蛇と〈ヒト〉とのつながりも今一つ釈然としない。が、益田勝実氏の説くように、始祖神話は「カミとヒトとそのかみの神異に満ちた交渉の一点を、そのあとにつづくべき時間から、すっぱりと切りとって、くりかえし語」ることに主眼があったのである（「神話的想像力」『講座日本文学・神話上』所収）。

さらに、この話は、「崇神記《すじんき》」において奈良県の大神《おおみわ》神社の伝説として語られている、いわゆる〈三輪山《みわやま》伝説〉と多くの類似点を持ち、この方面からの検討をも要するが、その中で、〈三輪山伝説〉では〈ヒト〉なる女が〈カミ〉なる男を知ることになっている部分が、ここでは、〈カミ〉の子を蛇体とし、さらに雷神とつながらせている点に特色があり、あくまでも聖なる〈カミ〉の子の話として語るところに、始祖神話としての明確な位置付けがなされていたことを知るのである。

最後に、神蛇に対して投げつけられた瓮《ひらか》のことについてであるが、聖なるものに俗なるものが触れることによって、その神通力が失われる見方も正しいが、と同時に、古代において、瓮《ひらか》や甕《みか》などが呪力《じゅりょく》を持つ土器と考えられていたことも見逃がせない。『播磨《はりま》国風土記』託賀《たか》郡の条に、国境を定める際に土中に甕を埋めている例などは、神秘な霊力を備えた容器と考えられていたことを如実に示しているものに相違なく、だからこそ、昇天するはずの神蛇を地上に引きとどめておくことにもなったと考えられるのである。

十九　久慈郡㈠

久慈《くじ》の郡《こほり》。東は大海《おほうみ》、南と西は那賀《なか》の郡《こほり》、北は多珂《たか》の郡《こほり》と陸奥《みちのおく》の国との堺の岳《やま》なり。

古老《ふるおきな》の曰《い》へらく、郡《こほり》より以南《みなみ》、近く小《ち》さき丘有り。体《かたち》、鯨鯢《くじら》に似たり。倭武《やまとたける》の天皇《すめらみこと》、因《よ》りて久慈《くじ》と名づけたまひき。〔以下略《はぶ》く〕淡海《あふみ》の大津《おほつ》の大朝《おほみや》に光宅《あめのしたしら》しめしし天皇《すめらみこと》の世《みよ》に至り、藤原《ふぢはら》の内大臣《うちのおほおみ》の封戸《へひと》を撿《み》に遣《つかは》されし軽直里麿《かるのあたひさとまろ》、堤《つつみ》を造《つ》きて池を成《つく》りき。其《そ》の池より以北《きた》を、谷会山《たにあひ》と謂《い》ふ。有る所の岸壁《きし》は、形、磐石《いはほ》の如く、色黄《き》にして埦《あな》を穿《うが》てり。獼猴《さる》集《あつま》り来て、常に宿《やど》り喫噉《くら》へり。

郡《こほり》より西北六里に河内《かふち》の里《さと》あり。本《もと》は古々《ここ》の邑《むら》と名づく。俗《くにひと》の説《ことば》に、猿《さる》の声を謂《い》ひて古々《ここ》と為《な》す。東の山に石の鏡あり。昔《むかし》、魑魅《おに》在り。萃集《あつま》りて鏡を翫《もてあそ》び見て、則《すなは》ち、自《おのづか》ら去《さ》りき。俗《くにひと》、疾《と》き鬼《おに》も鏡に面《むか》へば自《おのづか》ら滅《ほろ》ぶと云ふ。有る所の土の色は、青き紺《はなだ》の如く、画《ゑ》に用ゐるに麗《うるは》し。俗《くにひと》、阿乎尓《あをに》と云《い》ひ、或《また》、加支川尓《かきつに》と云ふ。時に、朝命《おほみこと》の随《まにま》に、取りて進納《たてまつ》る。謂《い》はゆる久慈河《くじがは》の濫觴《みなもと》は、猿声《ここ》より出づ。〔以下略《はぶ》く〕

郡《こほり》の西□里に、静織《しとり》の里《さと》あり。上古之時《いにしへ》、綾《しつ》を織る機《はた》を知る人在《あ》らざりき。時に、此の村に初めて織りき。因《よ》りて名づく。北に小水《をがは》有り、丹《あか》き石交錯《まじ》れり。色は⿰王扁碧《へんへき》に似て、火を鑽《き》るに尤好《いとよ》し。以《も》ちて玉川《たまがは》と号《なづ》く。

郡《こほり》の東□里に、山田《やまだ》の里《さと》あり。多く墾田《はりた》と為《な》れり。因《よ》りて以《も》ちて名づく。有る所の清き河は、源《みなもと》、北の山に発《おこ》り、近く郡家《こほりのみやけ》の南を経て、久慈《くじ》の河に会《あ》ふ。多く年《あ》魚《ゆ》を取る。大きさ腕《ただむき》の如し。其《そ》の河の潭《ふち》を石門《いはと》と謂《い》ふ。慈《しげ》れる樹《き》は林を成し、上は即《すなは》ち幕《おほ》ひ歴《たなび》く。浄《きよ》き泉《いづみ》は淵《ふち》を作《な》し、下は是《こ》れ潺《そそ》ぎ湲《なが》る。青葉は自《おのづか》ら景《ひかげ》を蔭《かく》す蓋《きぬかさ》を飄《ひるがへ》し、白砂は亦《また》波を翫《もてあそ》ぶ席《むしろ》を鋪《し》く。夏《な》月《つ》の熱《あつ》き日には、遠里近郷《をちこちのむらざと》より、暑さを避け、涼しさを追ひて、膝《ひざ》を促《ちかづ》け手を携《たづさ》へて、筑波《つくは》の雅曲《うた》を唱《うた》ひ、久慈《くじ》の味酒《うまさけ》を飲む。是《こ》れ人間《ひとのよ》の遊《たのしみ》なりと雖《いへど》も、頓《ひたぶる》に塵《ちり》の中の煩《うれひ》を忘る。其《そ》の里《さと》の大伴《おほとも》の村に涯《きし》有り。土の色黄なり。群鳥《むらどり》飛び来りて、啄咀《ついば》み食《は》めり。

郡《こほり》の東七里、太田《おほた》の郷《さと》に、長幡部《ながはたべ》の社《やしろ》あり。古老の曰《い》へらく、珠売美万命《すめみまのみこと》、天《あめ》より降《くだ》りまし時、御服《みけし》を織らむ為《ため》に、従《したが》ひて降《くだ》りし神、名は綺日女命《かむはたひめのみこと》、本《もと》、筑紫《つくし》の国の日向《ひむか》の二神《ふたかみ》の峰《みね》より、三野《みの》の国の引津根《ひきつね》の丘に至りき。後《のち》、美麻貴《みまき》の天皇《すめらみこと》の世《みよ》に及《いた》りて、長幡部《ながはたべ》の遠祖《とほつおや》、多《た》弖《ての》命、三野《みの》より避《さ》りて久慈《くじ》に遷《うつ》り、機殿《はたどの》を造り立てて、初めて織りき。其《そ》の織れる服《はたもの》は、自《おのづか》ら衣裳《みけし》と成りて、更《さら》に裁《た》ち縫《ぬ》ふこと無《な》し。之《これ》を内《うつ》幡《はた》と謂《い》ふ。或《ある》もの曰《い》へらく、絁《きぬ》を織る時に当りて、輙《たやす》く人に見らるるが故に、屋《や》の扉《とびら》を閇《と》ぢ、内を闇《くら》くして織る。因《よ》りて烏織《うつはた》と名づく。強《たけ》き兵《つはもの》、丙《こは》き刃《やいば》も、裁断《た》つことを得ず。今、年毎《としごと》に、別《わ》きて神の調《みつぎ》と為《し》て、献納《たてまつ》れり。

此《これ》より以北《きた》に、薩都《さつ》の里《さと》あり。古《いにしへ》、国栖《くず》有り。名を土雲《つちくも》と曰《い》ひき。爰《ここ》に、兎上《うなかみ》命《みこと》、兵《いくさ》を発《おこ》して誅滅《ほろぼ》しき。時に、「能《よ》く殺さしめて、福《さち》なるかも」と言へりし所、因《よ》りて佐都《さつ》と名づく。北の山に有る所の白土《しらに》は、画《ゑ》に塗《ぬ》るに可《よ》し。

〈現代語訳〉

久慈《くじ》の郡《こおり》。東は大海。南と西は那賀《なか》の郡。北は多珂《たか》の郡と陸奥《みちのおく》の国との堺をなしている岳《やま》である。

古老が語り伝えて言うには、「郡衙から南方近くに、小さい丘がある。その形は鯨鯢《くじら》に似ている。それで倭武《やまとたける》の天皇が、久慈《くじ》と名づけられた」という。〔以下は省略する〕

淡海《おうみ》の大津《おおつ》の大朝《おおみや》に天の下をお治めになられた天皇（天智天皇）の時代になって、藤原《ふじわら》の内大臣《うちのおおおみ》の封戸の視察に派遣された軽直《かるのあたい》里麿《さとまろ》が、（この地に）堤を築いて池とした。その池から北方を、谷会《たにあい》山という。その地にある（切り立った）岩壁は、その形はまるで磐石のようであり、その色は黄色く坑《あな》が掘ってある。獼猴《さる》が集まってきて、ここにいつも宿り、（その坑の土を）食っている。

郡衙《ぐんが》から西北方六里のところに河内《こうち》の里《さと》がある。もとは古々《ここ》の邑《むら》と名づけられていた。土地の人々のことばによると、猿の鳴き声を「ここ」というというのである。（その里《さと》の）東方の山に石の鏡がある。（ここに）昔、魑魅《おに》がいたが、群れ集まってきて鏡をもてあそんで見ているうちに、たちまち自然といなくなってしまった。土地の人々は、「勢いのはげしい鬼でも、鏡に向かうと自然と滅んでしまう」という。そこにある土の色は青い紺《はなだ》のようで、画をかくのに用いると美しい。土地の人は、これを「あおに」、また「かきつに」と言っている。時折は、朝廷の命をうけてこれを採取し、進納する。世にいう久慈河《くじ》の源は、猿声《ここ》（すなはち此処《ここ》）から発している。〔以下は省略する〕

郡衙《ぐんが》の西方□里のところには、静織《しどり》の里《さと》がある。ずっと昔、（この地方では）綾《しず》を織る機《はた》を知っている人はいなかった。その時、この村で初めて（綾を）織った。だから（綾織《しつおり》、つまり静織《しどり》と）名づけたのである。（この里《さと》の）北に小川がある。（その川の川石の中には）丹《あか》い石がまじっている。その色は琸碧《へんぺき》に似ていて、火打ち石として使うとすこぶる好い。そこで（この小川を）玉川《たま》と名づけている。

郡衙の東方□里のところに山田《やまだ》の里《さと》がある。（この地は）開墾が進んでおり、多くの新墾田がある。それにちなんで（里の）名としている。そこを流れている清らかな河は、北方の山に源を発し、郡衙近くその南を経て、久慈河《くじ》に合流している。（この川で）年魚《あゆ》がたくさん取れる。その（魚の）大きさは、人間の腕ぐらいもある。その河の潭《ふち》を石門《いわと》という。そこに繁っている樹々は林となり、その上をおおっている。また、浄《きよ》らかな泉は淵《ふち》となって、その下をさらさらと流れている。繁れる青葉は陽光をさえぎり、まるで蓋《きぬがさ》のように風にひるがえり、川底の白砂は川波をもてあそび、まるでその敷物のようである。夏月《なつ》の暑いさかりには、あちこちの近郷近在の村々から、暑さを避け涼を求めて（人々がやってきて）、膝《ひざ》を並べ手を取り合って、筑波の雅曲《うた》を唱《うた》い、また久慈《くじ》の味酒《うまさけ》を汲みかわす。これはまさに人間の遊楽であるにもかかわらず、（人々は）俗世間の煩《わずら》わしさをすっかり忘れ去ってしまうのである。その里《さと》の大伴《おおとも》の村に（川に臨んだ）絶壁がある。その土の色は黄色で、鳥が群らがり飛んできて、（その土を）ついばんで食べている。

郡衙の東方七里のところにある太田《おおた》の郷《さと》に、長幡部《ながはたべ》の社《やしろ》がある。（この社について）古老は次のように語り伝えている。―珠売美万《すめみまの》命が天からお降りになられた時、（珠売美万命の）お召し物を織るために（珠売美万命に）つき従ってお降りになった神、名を綺日女《かむはたひめの》命という神は、最初筑紫《つくし》の国の日向の二神《ふたかみ》の峰にお降りになり、後、三野《みの》の国の引津根《ひきつね》の丘においでになった。その後、美麻貴《みまき》の天皇（崇神天皇）の時代になって、長幡部《ながはたべ》の遠祖である多弖《たての》命は、三野《みの》を離れて久慈《くじ》にやってきて、（ここに）機殿《はたどの》をこしらえて、初めて衣を織った。その織られた布は、ひとりでに衣裳《おきもの》となって、あらためて裁《た》ち縫《ぬ》う必要がなかった。（だから）これを内幡《うつはた》と言っている―と。また別の人はこうも言っている。―絁《あしぎぬ》を織るときは、容易に人に見られてしまうので、機屋《はたや》の戸をしめきり、屋内を闇くして（暗闇《くらやみ》の中で）織る。だから烏織《うつはた》と名づけるのだ―と。（この布は）屈強な兵士をもってしても、強く鋭い刃物をもってしても、裁《た》ち切ることができない。現在では、毎年特別に神に貢《たてまつ》るものとして（織られ、長幡部の社に）献納されている。

ここ太田の里の北方には薩都《さつ》の里《さと》がある。昔、ここに名を土雲《つちくも》という国栖《くず》がいたが、兎上《うなかみの》命が兵をあげてこれを誅滅《ちゅうめつ》してしまった。その時、「よく殺すことができて福《さち》（幸せ）なことだ」と仰せられた。それで（この地を）佐都《さつ》と名づける。この里の北方の山に産する白土《しらに》は画を描くのに用いるのに適している。

〈注〉

○**久慈《くじ》の郡《こほり》**　現久慈郡・那珂郡東部の久慈川流域、および多珂郡南部から日立市の海岸にまでいたる地域を含んでいた。『和名抄』郡名部に「久慈」とあり、同書郷名部には当郡に二十一の郷名が挙げられている。

○**多珂《たか》の郡《こほり》と陸奥《みちのおく》の国との堺《さかひ》の岳《やま》**　八溝山を最高峰とし東南に連らなる八溝山地の山々を指す。

○**郡《こほり》**　郡家。久慈郡金砂郷村大里付近にあったと推定されている。

○**小《ち》さき丘**　金砂郷村中野にある丘陵。『塵袋《ちりぶくろ》』（第六）には「久慈理岳」とある。

○**久慈《くじ》**　鯨は「クジラ」「クヂラ」両用の表記が『名義抄《みようぎしよう》』に見え、また『塵袋』に東国方言で「久慈理《くじり》」とあるのを思えば、クジ（ラ）とクヂラの相違は左程の問題とはなるまい。

○**藤原《ふぢはら》の内大臣《うちのおほおみ》**　藤原（旧姓中臣）鎌足《かまたり》。大化の改新の第一の功労者。『天智紀』によれば、薨去《こうきよ》の前日の天智八年十月十五日に、藤原の姓と大臣の位、および大織冠《だいしよつかん》の称号を与えられている。またその後に「此《これ》より以後《のち》、通《かよは》して藤原内大臣《ふぢはらのうちつおほおみ》と曰《い》ふ」とあり、ここもその通称によったもの。

○**封戸《へひと》**　諸王・重臣に与えられた民戸。大化の改新の際、私地・私民を公に収用した代償として給付されたもので、後天武朝に一時廃止されたがまもなく復活し、大宝令にもその規定が見えている。その民戸の税が私のものとなるのである。なお鎌足は常陸《ひたち》国の出身であったらしく、そのために当地に封戸《ふこ》を賜わったものと考えられる。

○**軽直《かるのあたひ》里麿《さとまろ》**　系譜不明。氏《うじ》の名の軽は大和《やまと》の地名軽《かる》（現橿原《かしはら》市）と関連したものか。

○**池を成《つく》りき**　遺称地不明。○**谷会《たにあひ》山**　久慈郡水府村棚谷を遺称地というが定かではない。

○**磐石《いはほ》の如く**　大きな一枚岩のようなありさまを言ったものか。

○**埦《あな》を穿《うが》てり**　諸本「腕」とあるが『大系』に従い「埦」と改めた。「埦」は穴の意か。

○**喫噉《くら》へり**　黄色の土を猿《さる》が食べているというのであろう。黄土とは何か不明であるが、当郡山田の里大伴《おおとも》の村の条にも同様の記載がある。

○**河内《かふち》の里《さと》**　久慈郡金砂郷村下宮河内付近という。なお『大系』は「西北六里」を「西北二十里」に改め、金砂郷村西方約十キロの久慈川流域の地としている。『和名抄』郷名部に「河内」と見える。

○**石の鏡**　一面が平らで光沢のある石をいうか。

○**魑魅《おに》**　「魑」は山林の異気より生じる怪物、「魅」はものの年功を経て怪異をなすものの意であるが、ここでは『史記注』に「魑魅、人面獣身四足、好《ンデ》惑《ハス》レ人《ヲ》」とあるのに近いか。古代文献に「おに」のかな書き例がなく、「おに」と訓むことに問題がないわけではない。なお、ここは、土蜘蛛《つちぐも》・佐伯《さえき》の類を指しているか。

○疾《と》き鬼《おに》も鏡に面《むか》へば自《おのづか》ら滅《ほろ》ぶ　一種の諺と思われる。その意味するところ定かでないが、鏡に映る己《おのれ》の姿を見てあまりの醜悪さに滅ぶというのであろうか。

○阿乎尓《あをに》　青丹、すなわち青色の土。顔料・塗料として用いられたために、中央に貢進されたのである。

○加支川尓《かきつに》　顔料として画くのに用いる「に」(=土) の意か。

○猿声《ここ》より出づ　上文の注に、この地方では猿声を「ここ」と言ったとあるのを承けて「此処《こ》」に「猿声《ここ》」をあてたもの。いわゆる戯訓用字である。

○静織《しとり》の里《さと》　那珂郡瓜連町静が遺称地という。『和名抄』郷名部に「倭文」と見え、『神名式《しんめいしき》』常陸国那珂郡の条に「静神社名神大」とある。

○綾《しつ》　シヅオリ、シドリとも。日本古来の模様入りの織物の意で、大陸舶載の「アヤ」に対する意で「倭文」「倭布」と表記される。『主計式』・上諸国調の常陸国の条に「倭文《しづ》三十一端」と見えている。

○丹《あか》き石　下の「瑪碧」からみて琥珀《こはく》とも瑪瑙《めのう》ともいうが定かでない。

○玉川《たまがは》　那珂郡山方町北部の山中に発し、東南に流れ、瓜連町静の東方で久慈川に注ぐ川をいう。今も瑪瑙《めのう》が出るという。

○山田《やまだ》の里　久慈郡金砂郷村、同水府村の山田川流域の地域か。『和名抄』郷名部に、「山田」と見える。○墾田《はりた》　新しく開墾した田畑をいう。

○年魚《あゆ》『和名抄』に「鮎、一名鮎魚、阿由、崔禹食経《ニ》云《フ》、—（中略）—春生《レ》夏長《ジ》秋衰《ヘ》冬《ニ》死《ス》、故《ニ》名《ツク》二年魚《ト》一也」とあるように、「年魚」の字はその寿命が一年限りであることからついたものであろう。古くより食用とされた。
○石門《いはと》　川の岸壁が前に突き出た地形をいうか。久慈郡金砂郷村岩手が遺称地という。
○幕《おほ》ひ歴《たなび》く　木々の葉がその下を覆うように繁っているさま。
○潺《そそ》ぎ湲《なが》る　川が快い音をたてて流れるさま。
○蓋《きぬかさ》を飄《ひるがへ》し　青葉が風に吹かれてそよぐさまを蓋《きぬかさ》にたとえていったもの。
○席《むしろ》を鋪《し》く　川底の白砂の上を水が流れるさまを席《むしろ》にたとえたもの。
○筑波《つくは》の雅曲《うた》　筑波山麓《さんろく》での歌垣の歌をいう。筑波郡(二)の項参照。
○久慈《くじ》の味酒《うまさけ》　「味酒《うまさけ》」は味のよい酒、美酒の意。『万葉集』などに見える「うまさけ　みわ」の例などからすると、単なる美酒ではなく神酒を言ったものか。
○塵《ちり》の中の煩《うれひ》　塵俗、すなわち俗世間にあるさまざまの煩《わずら》わしく苦しいことをいう。
○大伴《おほとも》の村　遺称地なく不明。
○土の色黄なり　以下の一文は当郡谷会山の条の記述と同趣であろう。
○太田《おほた》の郷《さと》　常陸太田市太田町を遺称地とする。『和名抄』郷名部に「大田」とある。
○長幡部《ながはたべ》の社《やしろ》　常陸太田市幡にある長幡部神社。『神名式』に「長幡部神社」と見える。
○珠売美万命《すめみまのみこと》　皇孫。『記』『紀』にいうニニギノ命。

○**綺日女命《かむはたひめの》**　神（つまり皇孫）機姫《はたひめ》の意で、機織の神であろう。他に見えず系譜不明であるが、当国風土記では長幡部連《ながはたべのむらじ》の祖神とされている。

○**日向《ひむか》の二神《ふたかみ》の峰《みね》**　高千穂の峰のこと。『神代紀』第九段第四の一書に「日向《ひむか》の襲《そ》の高千穂《たかちほ》の槵日《くしひ》の二上峰《ふたがみのたけ》」とある。「二神」は「二所」また「二上」の意で、峰の二つ並ぶさまをいうか。天孫降臨に従って高千穂の峰に天降ったとするのであろう。

○**三野《みの》の国の引津根《ひきつね》の丘**　「三野」は美濃であろう。「引津根の丘」についてはその所在が定かでないが、『美濃国神名帳』不破郡の条の「引常明神」とある地か（『大系』による）。

○**長幡部《ながはたべ》の遠祖《とほつおや》、多弖命《たての》**　『開化記《かいか》』によれば、開化天皇の子日子坐《ひこいますの》王の子神大根《かむおおねの》王（またの名、八瓜入日子《やつりのいりひこの》王）は「三野国の本巣国造《もとすのくにのみやつこ》　長幡部連《むらじ》の祖《おや》」とある。これによれば長幡部連は美濃に本拠をおいていた氏族のようである。機織を職とすることで知られていたらしく、『主計式』上の常陸国調の条に「長幡部　絁《あしぎぬ》　七疋」と見えている。「多弖命」は他書に見えない。

○**内幡《うつはた》**　「うつ」はまったく、すっかりの意か。『神代紀』に「全剝」に「宇都播伎《ウツハギ》」と訓注がある。本書の記すところに従えば、機で織ったそのままですでに完全な衣服となっていることをいう。

○**屋《や》の扇《とびら》を閇《と》ぢ、内を闇《くら》くして織る**　『山城国風土記』逸文、賀茂《かも》の社《やしろ》の条に「八尋屋《やひろや》を造り、八戸《やと》の扉《とびら》を竪《た》て、八腹《やはら》の酒《さけ》を醸《か》みて」とあるように、建物の扉をすっかり閉じて内側の暗いところに籠《こも》るのは、祭事また神に奉仕するべき業に共通のものであったらしい。
○**烏織**《うつはた》　暗い所で織ったことから黒い鳥の烏《う》を持ち出したもの。「烏」は一般にカラスと訓む字であるが、ここは「うつはた」の語源説明であるから「ウ」と訓むべきであろう。
○**強**《たけ》**き兵**《つはもの》　以下は長幡部の織った布が神異のものであることを言ったもの。
○**神の調**《みつぎ》**と為**《し》**て、献納**《たてまつ》**れり**　『主計式』に定められた「調《ちょう》」（都に持ってくるもの）としてではなく、長幡部社に奉納する意。
○**薩都**《さつ》**の里**《さと》　常陸太田市北部の里野宮（旧佐都村）を遺称地という。『和名抄』郷名部に「佐野都」（野は衍字《えんじ》か）と見える。
○**土雲**《つちくも》　土蜘蛛。ここでは人名のように扱っている。
○**兎上**《うなかみの》**命**　他書に見えない。あるいは下総《しもうさ》国海上国造《うなかみのくにのみやつこ》の祖とされた神か。
○**白土**《しらに》　白の顔料となる土。胡粉《ごふん》とも。

〈解説〉

この段では、長幡部《ながはたべ》神社にまつわる話に焦点を絞って、考察を進めてみよう。

この話もまた、地名の起源とはまったく無縁の存在であり、那賀郡晡時《くれ》臥《ふし》山の神蛇の話と同様である。それに代って、長幡部の織り出す布である「ウツハタ」の語源を、二つも挙げていることは興味深い。

この話が長幡部の始祖伝承であることはほぼ間違いのないところであり、伝承はその氏族内部で語り伝えられていたことであろう。さて、その始祖伝承においては、当初は同氏の祖とされた多弖命《たてのみこと》から始まっていたように思われる。多弖命の前に置かれた綺《かむはた》日《ひ》女《め》命《のみこと》は、皇孫の降臨に伴なって日向の高千《たかち》穂峰《ほのみね》に天降《あまくだ》ったとあるのだが、この記載は、明らかに『記』『紀』の天孫降臨の話の影響を受けている。長幡部の本拠地は美濃国にあったと思われるが、その時点から天孫降臨の話を始祖伝承の中に持っていたとは思われず、後代になり天孫降臨の話が作られて以後、自氏の始祖伝承の冒頭に付加されたものと考えられる。

次に「ウツハタ」の語源を説いた二様の起源伝承についてであるが、二つともに、その布が神異の布であることを説いているのが注意される。第一例は、織った布がそのままで完全な衣服となっており、裁ち縫う必要すらなかったといい、完全な衣服の意で「ウツハタ」というのだとしている。第二例では、「ウツハタ」の語源そのものは闇《やみ》で織った布の意とするだけで、それがただちに神異であるとは言いきれないが、その後に「強《たけ》き兵《つはもの》、内《こは》き刃《やいば》も、裁《た》断つことを得ず」と記すことで、神異の布であることを強調している。

機織を職掌としていたと思われる長幡部《ながはたべ》にとって、伝承すべき第一のものは、自分たちの織り出す布の優秀さであっただろう。そしてその優秀さは、始祖の時からそうであったと語るのが当然であった。優秀な布は、とりもなおさず神異の布であったのであり、だからこそ、織ったそのままが衣服であり、また刃物をあてても切れないものである必然性があったのである。その神異の布は、神への献納の品として年毎に納められるべきものであり、おそらくは、毎年、同氏の中から特別の者が選ばれ、特別の機《はた》に向かって、この神供《じんく》の布を織っていたのであろう。

地名起源伝承とは異なり、こうした氏族の始祖伝承は、氏族の移動と共に伝承も動いて行くことのできるものであった。土地を離れては存在し得ない地名起源伝承は、その意味では、まさしく地縁的社会の産物そのものであったと言えようし、一方始祖伝承は、土地との結びつきを強く持ちながらも、なお地縁的社会の中に埋没してしまうことなく、氏族という血縁的社会の方によりかかって生き続けて行くことのできたものであったのである。

二十　久慈郡《くじ》　(二)

東の大き山を賀毗礼《かびれ》の高峰《たかみね》と謂《い》ふ。即《すなは》ち、天《あま》つ神在《かみあ》り。名を立速男命《たちはやをの》と称《い》ふ。一名《またのな》は速経和気命《はやふわけの》なり。本《もと》、天《あめ》より降《くだ》りて、即《すなは》ち松沢《まつざは》の松の樹《き》の八俣《やまた》の上に坐《いま》しき。神の祟《たたり》、甚厳《いとおごそか》なりき。人有り、向きて大小便《くそまり》行《ゆま》る時は、災《わざはひ》を示し、疾苦《やまひ》を致さしめしかば、近側《ちかく》に居《す》む人、毎《つね》に甚《いた》く辛苦《くるし》みて、状《ありさま》を具《の》べて朝《みかど》に請《こ》ひまをしき。片岡《かたをか》の大《おほ》連《むらじ》を遣《つかは》して、敬《ゐやま》ひ祭《まつ》らしむるに、祈《の》みて曰《まを》ししく、「今、此処《ここ》に坐《いま》せば、百姓《おほみたから》近く家《いへゐ》して、朝夕《あしたゆふべ》に穢臭《けがら》はし。理《ことわり》、坐《いま》すべからず。宜《うべ》、避《さ》り移《うつ》りて、高山の浄《きよ》き境《さかひ》に鎮《しづ》まりたまふべし」とまをしき。是《ここ》に、神、禱言《ねぎこと》を聴《き》きたまひて、遂《つひ》に賀毗礼《かびれ》の峰《みね》に登りたまひき。其《そ》の社《やしろ》は、石を以《も》ちて垣《かき》と為《な》し、中に種属《やから》甚《いと》多く、并《また》、品《くさぐさ》の宝《たから》、弓《ゆみ》・桙《ほこ》・釜《かま》・器《うつはもの》の類《たぐひ》、皆石と成りて存《のこ》れり。凡《すべ》て、諸《もろもろ》の鳥の経過《す》ぐるものは、尽《ことごと》に急《と》く飛《と》び避《さ》りて、峰の上に当《あた》ること無く、古《いにしへ》より然為《しかし》て、今も亦《また》同じ。即《すなは》ち、小水《をがは》有り、薩都《さつ》の河と名づく。源《みなもと》は北の山に起《おこ》り、南に流れて同じく久慈《くじ》河に入る。〔以下略《はぶ》く〕

称《い》ふ所の高市《たけち》、此《これ》より東北二里に密筑《みつき》の里《さと》あり。村の中に浄《きよ》き泉《いづみ》あり、俗《くにひと》、大井《おほゐ》と謂《い》ふ。夏は冷《ひややか》にして、冬は温《あたたか》し。湧《わ》き流《なが》れて川と成る。夏の暑き時、遠邇《をちこち》の郷《むら》里《さと》より酒肴《さけさかな》を齎賫《もちき》て、男女会集《つど》ひ、休遊《あそ》び飲楽《たのし》めり。其《そ》の東と南とは、海浜《うみべた》に臨《のぞ》む。石決明《あはび》・棘甲蠃《うに》・魚・貝等の類《たぐひ》、甚《いと》多し。西と北とは山野を帯《お》ぶ。椎《しひ》・櫟《いちひ》・榧《かへ》・栗《くり》生《お》ひ、鹿・猪《ゐ》住めり。凡《すべ》て、山海の珍《めづら》しき味《あぢはひ》、悉《ことごと》に記《しる》すべからず。

此《これ》より艮《うしとら》三十里に、助川《すけかは》の駅家《うまや》あり。昔《むかし》、遇鹿《あふか》と号《なづ》く。古老の曰《い》へらく、倭武《やまとたける》の天皇《すめらみこと》、此《ここ》に至りたまひし時、皇后《おほきさき》、参《まゐ》り遇《あ》ひたまひき。因《よ》りて名づく。国宰《くにのみこともち》、久米《くめ》の大夫《まへつぎみ》の時に至り、河に鮭《さけ》を取るが為に、改めて助川《すけかは》と名づく。俗《くにひと》の語《ことば》に、鮭《さけ》の祖《おや》を謂《い》ひて、須介《すけ》と為《な》す。

〈現代語訳〉

(薩《さつ》都の里の) 東方にある大きな山を、賀毗礼《かびれ》の高峰という。ここには名を立速男命《たちはやおの》と申し上げる天《あま》つ神がおいでになる。又《また》の名を速経和気命《はやふわけの》と申し上げる。もと天より降っておいでになり、松沢《まつざわ》の(地の)松の木の八俣《やまた》になっているところの上においでになっていた。この神の祟《たた》りはたいそう厳しくて、もし(おいでになる松の木に)向かって大小便をするような人があれば、(たちまち) その人に災《わざわい》をお下しになり、病気にさせてしまうのである。そこで近くに住んでいる人々は、いつでもひどく苦しみ悩んでいたが、(とうとう) 朝廷にそのことのありさまを申し上げ、(祟《たた》りを払ってくれるよう) 願い出た。そこで (朝廷が) 片岡《かたおか》の大連《おおむらじ》を派遣して、(この神を) 敬い祭らせて、祈願して言うことには、「今、あなたのおいでになるこの地は、近くに百姓の家があって、朝夕にきたなくけがらわしい所です。当然ながらあなたのおいでになるような所ではございません。どうかここを避けて、高い山の清浄な所にお移り下さいますよう」と申し上げた。そこで、神はこの願いごとをお聞き入れになって、とうとう賀毗礼《かびれ》の峰にお登りになられた。その社は石で垣《かき》が作られており、(垣の) 中には (この神に仕える) 一族の人々が非常にたくさんいる。また、さまざまな宝物・弓・桙《ほこ》・釜・器物の類が、すべて石となってそこに存《のこ》っている。およそこの地を飛び渡るどんな鳥も、(近くまでくると) 急にこの峰を避けて飛び、峰の上を通るものは一羽もない。昔からそうであって、今なお変わらない。その賀毗礼《かびれ》の峰の麓《ふもと》に小川があって、薩《さつ》都の河と呼ばれてい

る。この川の源は北方の山に発し、南に流れて、やはり久慈《くじ》河に合流する。〔以下は省略する〕

世に言う高市《たけち》、そこから東北方二里のところに密筑《みつき》の里《さと》がある。（この里の）村の中に清らかな泉があり、土地の人々は大井《おおい》といっている。その水は夏は冷たく冬は温かい。湧《わ》き流れて川となっている。夏の暑いころになると、あちこちの郷里《むらざと》から飲食物を持参して男も女もここに集まり、飲食し遊んで憩《いこ》いの時を過ごすのである。密筑《みつき》の里の東と南とは海辺に臨んでいる。石決明《あわび》・棘甲羸《うに》・魚・貝のたぐいがすこぶる多い。また西と北とは山野につらなっている。椎《しい》・櫟《いちい》・榧《かえ》・栗《くり》が生《は》えていて、鹿《しか》や猪《いのしし》が棲《す》んでいる。およそ（この地の）山海の珍味についていて、そのすべてをここに書き記すことは、とてもできない（ほどである）。

ここ密筑《みつき》の里から東北方三十里のところに、助川《すけかわ》の駅家《うまや》がある。昔は（ここを）遇鹿《あうか》といった。（その遇鹿について）古老が言うことには、「倭武《やまとたける》の天皇がこの地までおいでになった時、皇后がやってこられて（天皇と）お会いになった。だから（遇鹿《あうか》と）名づけた」という。後、国宰《くにのみこともちくめ》久米《め》の大夫《まえつぎみ》の時代になって、河で鮭《さけ》を取ったところから、改めて助川と名を変えたということである。土地の人々のことばでは、鮭の親を「すけ」というということである。

〈注〉

○東　薩都《さつ》の里の東をいう。

○賀毗礼《かびれ》の高峰《たかみね》　日立市北部の久慈《くじ》・多珂《たか》郡境にある神峰山（標高五九四メートル）という。

古くより神体山とされていたらしく、常陸太田市里野宮にある薩都《さつ》神社も、古くは神峰山頂にあったという。

○**天《あま》つ神**　天上世界より天降ってきた神の意。

○**立速男《たちはやをの》命**　他書に見えない。勢いの荒々しい男の神の意か。武神のごとくである。

○**速経《はやふ》和《わ》気《けの》命**　他書に見えない。あるいは「ハヤフツワケ」で鉄剣が神格化されたものか。香島の御子神とする説もある。

○**松沢《まつざは》**　神峰山麓《さんろく》の地であろうが遺称地なく不明。

○**八俣《やまた》**　木の枝が多く分かれ出ているところをいう。

○**片岡《かたをか》の大連《おほむらじ》**　『姓氏録《しょうじろく》』左京神別の条に「中臣方岳連《なかとみかたをかのむらじ》、大中臣《おほなかとみ》同祖」とある中臣方岳連のことであろう。大中臣氏、すなわち中臣鎌足などと同族で、祭祀《さいし》関係の職にあったものと思われる。

○**祈《の》みて曰《まを》しく**　「祈《の》む」は祈願、請願の意。

○**理《ことわり》**　道理として、当然のことながら、の意。

○**禱言《ねぎこと》**　「ねぐ」は神の心を安め、その加護を願う意。ここでは願いごとの意。

○**石を以《も》ちて垣《かき》と為《な》し**　いわゆる石城《いわき》のことか。古墳の石室とも祭祀遺跡とも考えられる。

○**中に種属《やから》甚《いと》多く**　この神と同族の者、またこの神に奉仕する者、の意。中心となる古墳、または石坐《いわくら》を取り巻くようにして多くの小古墳、または石坐の存するさまを言ったものか。

○品《くさぐさ》の宝《たから》　古墳の副葬品を指しているようでもある。以下に列挙されたのが多く武器である点に注意すべきである。○薩都《さつ》の河　現里川のことであろう。

○源《みなもと》は　久慈郡北隅の里見村里川の奥にある三鈷室山に発し、南流して常陸太田市南部で久慈川と合流したことをいうもの。

○称《い》ふ所の高市《たけち》　上文省略のためか文意が釈然としない。今「世に知られた高市（の里）」と解したが、「称ふ所」は、あるいは「上文に称ふ所」の意か。または、「高市と称ふ所」と訓んで、密筑《みつき》の里の小地名と解すべきか。『和名抄』郷名部に「高市」と見え、久慈川の河口にあたる日立市久慈・坂本付近と推定されている。

○此《これ》　ここでは高市の里を指すと解しておく。

○密筑《みつき》の里《さと》　日立市の久慈川河口の水木が遺称地という。『和名抄』郷名部に見える「高月」が「箕月」であるともいう。（『大系』など）○大井《おほゐ》　日立市水木の活水洞がそれだという。

○石決明《あはび》　『本草和名』に「鮑魚、一名鰛魚、阿波比・石決明、一名紫貝、一名馬蹄決明、似ルニ馬蹄ニ、故ニ以テ名トス之ヲ、阿波比」とある。古来食用とされ、平城宮出土の木簡にもその名が見えている。

○棘甲蠃《うに》　『和名抄』に「霊蠃子、漢語抄云棘甲蠃、宇仁」とある。食用として珍重されていた。

○榧《かへ》　『出雲国風土記』意宇《おう》郡の植物名列挙の条に「栢、字を或は榧に作る」とあるのに従った。今日の「かや」にあたるという。

○**助川《すけかは》の駅家《うまや》**　日立市助川を遺称地とする。『和名抄』郷名部に「助川」と見える。助川の駅家は弘仁三（八一二）年に廃止された（『日本後紀』による）。

○**遇鹿《あふか》**　日立市会瀬が遺称地かという。なお、行方《なめかた》郡の相鹿《あうか》の里の条と、地名起源の内容まで酷似している点に注意すべきである。

○**皇后《おほきさき》**　行方郡相鹿の里の条には大橘《おおたちばな》比売《ひめ》命《のみこと》と見えている。

○**国宰《くにのみこともち》、久米《くめ》の大夫《まへつぎみ》**　国宰は国司のこと。久米の大夫は判然としないが、大化以後の人であろう。あるいは『天武紀』元年の条に見える河内国守来目臣《くめのおみ》塩籠なる人物のことか。

○**鮭《さけ》**　『和名抄』に「鮭、和名佐介、今案ズルニ俗ニ用フレ鮭ヲ」とある。「鮭」と「鮭」は本来別字だが、我国では古くより通用していたと思われる。

○**鮭《さけ》の祖《おや》**　大きい鮭の意か。あるいは「祖」は「胆」の誤とする説もある。

〈解説〉

賀毗礼《かびれ》の高峰の話は、祟りをなす〈カミ〉を〈ヒト〉が征圧している点で、行方《なめかた》郡の夜刀《やと》の神の話と一脈通ずるところがあるように思われる。

祟《たた》りをなした神は天つ神とされ、その墳墓のありさまの記述をみても武神であったと思われ、香島大神の御子神《みこがみ》とする説も成り立ちそうであるが、問題は、他国風土記、また『記』『紀』を通して、祟りをなす神はほぼ国つ神であり、この一条はその意味で、異例と言わねばなるまい。ましてや当国第一の勢力を誇った香島大神の御子神であったならば、祟りをなす必然性にも乏しいはずである。

思うに、この話の形成には二つの段階があったのではないか。まず当初は、祟りをなす神として在地の人々から畏《おそ》れられていた段階があった。松の枝に宿ると信じられ、災厄・病苦のたびに、人々はこの神の祟りと思いつつも、〈カミ〉の前に〈ヒト〉は無力であった時代である。そして、後に、片岡大連《かたおかのおおむらじ》、すなわち香島大神に奉祀していた中臣《なかとみ》氏の同族の者が、この祟り神を香島大神の御子神として、香島大神の神統譜に加えて、同氏によって祀《まつ》りをなすことで、祟りを征圧してしまった段階を迎えた。いわば〈ヒト〉によって〈カミ〉が支配された時期とでも言えようか。この段階において、祟り神の墳墓、つまり祭場が、賀毗礼《かびれ》山頂に設けられ、朝な夕なに人々によって祀られる神とされ、また天つ神としての位《くらい》づけや武神としての神格も賦与《ふよ》されたのではあるまいか。換言すれば、この話は荒ぶる神を征圧することのできた、香島大神の神威を物語るものではなかったろうか。当国風土記には記載されていないが、後代の『薩都《さつ》大明神縁起』には、香島の御子神であることを明記しており（鵜殿正元氏『古風土記研究』による）、少なくとも、風土記時代以後においては、立速日命《たちはやひのみこと》を薩都神社の祭神として（『神祇志料』附考）、香島大神の系列にあるものとして祀《まつ》られていたようである。

が、この〈カミ〉は、完全に〈ヒト〉によって同化されてしまったわけでもなく、やはり祟り神として畏《おそ》れられた一面を遺《のこ》していたらしく、賀毗礼《かびれ》の峰の頂、つまりこの神の祭場の上は、いかなる鳥も避けて飛んでいるという。事実は、あるいはこの山が火山であり、有害ガスを山頂付近から出していたのかもしれず、だとすれば、人々に祟りとして恐れられたのも、実は火山性の有害物質のなせるわざであったかもしれないが、在地の人々は、今になお飛ぶ鳥が避けるこの峰、そしてこの峰に祀られた〈カミ〉を、単に祀る神として意識することはできなかったのであろう。

二十一　多珂《たか》郡

多珂《たか》の郡《こほり》。東と南とは、並《ならび》に大海《おほうみ》、西と北とは、陸奥《みちのおく》と常陸《ひたち》と二つの国の堺なる高山《たかやま》なり。古老《ふるおきな》の曰《い》へらく、斯我《しが》の高穴穂《たかあなほ》の宮《みや》に大八洲《おほやしま》照臨《しら》しめしし天皇《すめらみこと》の世《みよ》、建御狭《たけみさ》日命《ひの》を以《も》ちて、多珂《たか》の国造《くにのみやつこ》に任《よさ》しき。茲《こ》の人初めて至り、地体《くにかた》を歴《めぐ》り験《み》て、峰険《さか》しく岳《やま》崇《たか》しと以為《な》して、因《よ》りて多珂《たか》の国と名づけき。建御狭日命《たけみさひの》と謂《い》ふは、即《すなは》ち是《これ》、出雲臣《いづものおみ》の同属《やから》なり。今、多珂《たか》・石城《いはき》と謂《い》へるは是なり。風俗《くにぶり》の説《ことば》に、薦枕多珂《こもまくらたか》の国と云ふ。

建御狭日命《たけみさひのみこと》、遣《つか》はされし時に当《あた》りて、久慈《くじ》の堺《さかひ》の助河《すけがは》を以《も》ちて道前《みちのくち》と為《な》し、郡《こほり》を去ること、西北六十里、今も猶《なほ》、道前《みちのくち》の里《さと》と称《い》ふ。陸奥《みちのおく》の国の石城《いはき》の郡《こほり》の苦麻《くま》の村を、道後《みちのしり》と為《な》しき。其《そ》の後《のち》、難波《なには》の長柄《ながら》の豊前《とよさき》の大宮《おほみや》に臨　軒《あめのしたしら》しめしし天皇《すめらみこと》の世《みよ》に至り、癸《みづのと》丑《うし》の年に、多《た》珂《か》の国造《くにのみやつこ》石城直《いはきのあたひ》美夜部《みやべ》・石城《いはき》の評《こほり》の造《みやつこ》部《べ》の志《し》許《こ》赤《あから》等、惣領《すべをさ》高向《たかむこ》の大夫《まへつぎみ》に請《こ》ひ申《まを》して、部《す》ぶる所遠く隔《へだた》り、往来《ゆきき》に便《たより》よからざるを以《も》ちて、分《わか》ちて多《た》珂《か》・石城《いはき》の二つの郡《こほり》を置きき。石城《いはき》の郡《こほり》は、今、陸奥《みちのおく》の国の堺の内に在《あ》り。

其《そ》の道前《みちのくち》の里《さと》に飽田《あきた》の村あり。古老の曰《い》へらく、倭武《やまとたける》の天皇《すめらみこと》、東《あづま》の垂《さかひ》を巡《めぐ》りまさむと為《し》て、此の野に頓宿《やど》りたまひしに、人有り、奏《まを》して曰《い》へらく、「野の上《ほとり》に群れたる鹿、数無《な》く甚多《いとさは》なり。其《そ》の聳《そび》ゆる角《つの》は、蘆枯《かれあし》の原の如《ごと》く、其《そ》の吹気《いぶき》を比《たと》ふれば、朝霧《あさぎり》の立てるに似たり。又《また》、海に鰒魚《あはび》有り。大きさ八尺《やさか》ばかり、幷《また》、諸種《くさぐさ》の珍《めづら》しき味《あちはひ》、遊理□多」といひき。是に、天皇《すめらみこと》、野に幸《いでま》して、橘《たちばな》の皇后《おほきさき》を遣《つかは》して、海に臨《のぞ》みて漁《すなど》らしめ、捕獲《えもの》の利《さち》を相競《きそ》はむと、別《わ》きて山と海の物を探《さぐ》りたまひき。此の時、野の狩《かり》は、終日《ひねもす》駈《か》り射《い》たまへども、一つの宍《しし》をだに得たまはず。海の漁《すなどり》は、須臾《しまし》がほどに才採《はかりと》りて、尽《ことごと》に百の味《あちはひ》を得たまひき。猟漁《かりすなどり》已《すで》に畢《を》へて、御膳《みけつもの》を羞《すす》め奉《まつ》る時に、陪従《おもとびと》に勅《の》りたまひしく、「今日《けふ》の遊《あそび》は、朕《あれ》と家后《きさき》と、各《おのもおのも》、野と海とに就《つ》きて、同《とも》に祥福 俗《くにひと》の語《ことば》に佐《さ》知《ち》と曰《い》ふ。を争《あらそ》へり。野の物は得ずと雖《いへど》も、海の味《あちはひ》は尽《ことごと》に飽《あ》き喫《くら》へり」とのりたまひき。後《のち》の代《よ》、跡《あと》を追《お》ひて、飽田《あきた》の村と名づく。

国宰《くにのみこともち》、川原宿禰黒麿《かははらのすくねくろまろ》の時、大海《おほうみ》の辺《ほとり》の石壁《いはがき》に、観世音菩薩《くわんぜおんぼさつ》の像《みかた》を彫《ゑ》り造《つく》りき。今に存《のこ》れり。因《よ》りて仏《ほとけ》の浜と号《なづ》く。〔以下略《はぶ》く〕

郡《こほり》の南三十里に、藻島《めしま》の駅家《うまや》あり。東南の浜に碁子《ごいし》あり。色は珠玉《たま》の如《ごと》し。所謂常陸《いはゆるひたち》の国に有る麗《うるは》しき碁子《ごいし》は、唯《ただ》、是《こ》の浜のみなり。昔、倭武《やまとたける》の天皇《すめらみこと》、舟に乗り海に浮《うか》びて、島の磯《いそ》を御覧《みそなは》したまひしに、種々《くさぐさ》の海藻《め》、多《さは》に生《お》ひ茂繁《しげ》れり。因《よ》りて名づく。今も亦《また》然り。〔以下略《はぶ》く〕

〈現代語訳〉

多珂《たか》の郡《こおり》。東と南とはともに大海。西と北とは、陸奥《みちのおく》と常陸二国の堺をなしている高い山である。古老は伝えて言っている。―斯我《しが》の高穴穂《たかあなほ》の宮に天の下をお治めになられた天皇（成務天皇）の時代に、建御狭日命《たけみさひの》を多珂《たか》の国造《くにのみやつこ》に任命された。この人が初めてこの地にやってきて、巡歴してその地勢をごらんになった時、山の峰は険《けわ》しく山は高いところだというので多珂《たか》の国と名づけられた（という）。建御狭日命という人は、これすなわち出雲臣《いずものおみ》と同族である。（また）、今現在多珂・石城《いわき》といっている所がここにいう（多珂の国である）。土地の人々が語り伝えてきた言いならわしでは「薦枕多珂《こもまくらたか》の国」という。

建御狭日命は、派遣されてきたその時に、久慈（郡との）境である助河《すけがわ》をもって道前《みちのくち》とし、（この地は）郡衙を去ること六十里の西北方にあり、今もなお道前《みちのくち》の里《さと》と呼んでいる。陸奥の国の石城《いわき》の郡苦麻《くま》の村を道後《みちのしり》とされた。その後、難波《なにわ》の長柄《ながら》の豊前《とよさき》の大宮に天の下をお治めになられた天皇（孝徳天皇）の時代の癸丑《みずのとうし》の年になって、多珂の国造《くにのみやつこ》石城直《いわきのあたい》美夜部《みやべ》と石城の評《こおり》の造部《みやっこべ》の志許赤《しこあか》たちが、惣領であった高向《たかむこ》の大夫《まえつぎみ》に懇請して、（彼らの）統治する地域が（広大で）遠く隔っており、往き来するさえ不便であるという理由で、（その所管の地を）分けて、多珂と石城の二郡を設置したのである。（その）石城の郡は、今は陸奥の国の域内にある。

その道前《みちのくち》の里《さと》に飽田《あきた》の村がある。古老が伝えてこう言っている。―倭武《やまとたける》の天皇が東国の辺境の地を巡幸しようとして、この野で仮の宿をおとりになった時、ある人が申し上げて、「この野の周辺一帯には鹿《しか》が群がりいて、その数は数えきれぬほどです。その鹿のそびえ立った角は枯《か》れ蘆《あし》の原のようであり、また（鹿の）吹き出す息は、まるで朝霧が立っているかのようです。一方、海には鰒魚《あわび》があって、その大きさは八尺ばかりもあります。また、その他の色々の珍しい味のものもあって、遊理□多」と言った。そこで天皇は、野にお出向きになり、橘《たちばな》の皇后を（海に）遣《つか》わして、海で漁をさせて、お互いに獲物のとりくらべをしようというわけで、各〻山と海とに分かれて獲物を探し求められた。この時、（天皇のなさった）野の狩の方は、一日じゅう駆けまわり獲物をねらって射かけられたけれども、一頭の獣すらも得られずじまいであった。一方（皇后のなさった）海での漁では、ほんのわずかの間に取りに取って、ことごとく百味にあまる多くの獲物《えもの》を手になさった。狩も漁もすっかり終わって、さてお食事をおすすめ申し上げたところ、（天皇は）つき従う者に対して、「今日の遊猟は、私と家后《きさき》とが、それぞれ野と海とに出かけていって、お互いが祥福土地の人々のことばでは「さち」という。を競い合った。野での狩の獲物は（少しも）とり得なかったけれども、海の食べ物は、すべてを飽《あ》きるほどに食べた」と仰せになった。後の代の人々は、（そのことばの）跡をうけて、（ここを）飽田《あきた》の村と名づけている――と。

国宰《くにのみこともち》が川原宿禰黒麿《かわはらのすくねくろまろ》であった時に、大海の海辺の岩壁に、観世音菩薩《かんぜおんぼさつ》の像を彫って作った。（その像は）今も存《のこ》っている。これによって（その地を）仏の浜と名づけている。〔以下は省略する〕

郡衙《ぐんが》の南方三十里のところに、藻島《めしま》の駅家《うまや》がある。（その）東南方の浜辺には碁石がある。その色は珠玉《たま》のようである。世に言うところの常陸の国にある美しい碁石は、ただこの浜からのみ産する。（この地を藻島《めしま》というのは）昔、倭武《やまとたける》の天皇が、舟に乗って海に浮かび出て、島の磯辺をごらんになったところ、さまざまの種類の海藻《め》が、いっぱい生い繁っていた。それで（藻島と）名づけられたのである。今でもそうであって（昔と）変らない。〔以下は省略する〕

〈注〉

○**多珂《たか》の郡《こほり》**　現多賀郡のほぼ全域と日立市の一部を含む地域を指す。『和名抄』郡名部に「多珂」と見え、同書郷名部には八つの郷名が記されている。

○**建御《たけみ》狭《さ》日命《ひの》**　『国造本紀』高国造《たかのくにのみやつこ》の条に「志賀高穴穂朝御世、弥都侶岐命孫弥佐比命

定二賜国造一」とあるのに合致している。なお、『成務記』によれば、この天皇代に大小の国々の境界を定め、各国の国造を定めたと見えており、『国造本紀』においても成務朝に国造を定めたとするものがきわめて多い。

○**出雲臣《いづものおみ》の同属《やから》なり**　『神代紀』第六段本文に「天穂日命《あまのほひのみこと》。是出雲臣《これいづものおみ》・土師連《はじのむらじ》等が祖《おや》なり」、また第七段第三の一書に「天穂日命《あまのほひのみこと》。此出雲臣《これいづものおみ》・武蔵国造《むざしのくにのみやつこ》・土師連《はじのむらじ》等が遠祖《とほつおや》なり」とある。出雲臣は出雲国意宇《おう》郡に本拠を持っていた豪族で代々出雲国造を勤めていた。建御《たけみ》狭《さ》日《ひ》命の祖父とされた「弥都侶岐命」は、前文新治《にいはり》国造の祖とされている「比《ひ》奈《な》良《ら》布《ふの》命」の子であり、この「比奈良布命」が「天穂日命八世孫」とあった（『国造本紀』）。この一文は、共に「天穂日命」の後裔《こうえい》であることを言ったものである。

○**今、多珂《たか》・石城《いはき》**　当国風土記筆録時の多珂郡・石城郡が、もとは多珂国造の所領地であったことをいう。

○**薦枕多珂《こもまくらたか》の国**　薦枕はマコモ草で作った枕のこと。この枕の高いことから（一説にはコモの丈高いことから）タカにかかるという。地名の多珂だけにかかる称辞でなかったことは、「こもまくら高橋過ぎ」（『武烈前紀』）、「苫枕《こもまくら》宝《たから》有《あ》る国」（『播磨国風土記』逸文）などの例からも明らかであり、従って当国のみの称辞（枕詞）ではなかったことが知られる。

○**道前《みちのくち》**　多珂国に入る交通路の入口の意。なお助河は久慈《くじ》郡に属する。

○**郡《こほり》**　多珂郡の郡家は高萩市松岡町手綱の地にあったという。

○道前《みちのくち》の里《さと》　日立市北部の小木津付近という。『和名抄』郷名部に「道口」と見える。

○苦麻《くま》の村　福島県双葉郡大熊町熊が遺称地という。

○道後《みちのしり》　多珂国内の交通路の果てをいう。○癸丑《みずのとうし》の年　孝徳朝の白雉《はくち》四（六五三）年。

○石城直美夜部《いはきのあたひみやべ》　他書に見えず系譜不明。石城は地名に拠ったものであろう。建御狭日命《たけみさひ》の後裔《こうえい》氏族である。

○石城評《いはきのこほり》　「評」字は朝鮮半島で日本の「郡」と同意に用いられた字で、『継体紀《けいたいき》』二十四年の条に「背評《へこほり》、背評は地《ところ》の名《な》なり。亦《また》の名は能備己富利。」とある。日本においても、金石文・木簡《もっかん》などによると、ほぼ大宝令《たいほうりょう》制定（七〇一年）以前は「郡」の意に「評」字が用いられていた。

○造部《みやつこべ》　多珂の国造の配下にあった部曲《かきべ》の氏《うじ》の名か。

○志許赤《しこあか》　名前であろう。

○往来《ゆきき》に便《たより》よからざる　多珂郡と石城郡の間には四至で記すように「高山」があって、往来に不便であったことは事実であろう。

○陸奥《みちのおく》の国の堺の内　石城郡が陸奥国の属領であることをいう。『続紀《しょっき》』養老二（七一八）年五月の条に「陸奥国の石城・標葉・行方《なめかた》・宇太《うだ》・日理、常陸国の菊多六郡を割きて石城国を置く」とあり、養老二年当時は石城郡は陸奥国領内であった。

○飽田《あきた》の村　日立市小木津・田尻付近、ことに田尻の小字《こあざ》相田を遺称地とする。

○其《そ》の聳《そび》ゆる角は　『雄略即位前紀』に「其の戴《ささ》げたる角、枯樹《かれき》の末《えだ》に類《に》たり。其《そ》の聚《つど》へたる脚《あし》、弱木《しもと》株《はら》の如《ごと》し。呼吸《いぶ》く気息《いき》、朝霧《あさぎり》に似たり」とあって、当国風土記と類似の表現が見られ、この他、『安康記』『景行紀』などにも類似のものがある。

○諸種《くさぐさ》の珍《めづら》しき味《あぢはひ》　ここでは海産物をいうものであろう。

○遊理□多　一字欠字のため意味不明。『大系』は「理」を「漁」の誤りとし、欠字には「利」「福」「幸」等の字が入るであろうとする。また『鑑賞日本古典文学』では、「遊魚甚多」としている。おそらくは「遊猟」等にならった表現と思われる。

○橘《たちばな》の皇后《おほきさき》　当国風土記ではヤマトタケルの妻は「大橘比売命《おおたちばなひめのみこと》」と記されている。

○漁《すなど》らしめ　漁をさせる、の意。『和名抄』に「漁捕フレ魚ヲ也、訓ムニ須奈度利ト一」などとあるのに従って訓む。

○宍《しし》　「宍」字は一般には食肉（獣肉）を指すものであるが、ここでは食肉を獲《と》ることのできる獣の意。上文から考えて鹿《しか》をいうものであろう。

○才採《はかりと》りて　『全書』の訓に従った。旧訓「わづかに」では釈然としない。『鑑賞日本文学』では「才《と》りに採《と》りて」と訓む。豊漁をいったものであることは間違いなかろう。

○祥福を争《あらそ》へり　「祥福」は注記の俗語に「さち」とあるように、狩また猟の獲物《えもの》のこと。

○川原宿禰黒麿《かはらのすくねくろまろ》　他書に見えず不明。常陸国守とされているので大化以後の人と考えられる。志田諄一氏はほぼ持統朝ごろの人かとしている（『常陸国風土記とその社会』による）。

○彫《ゑ》り造《つく》りき　いわゆる磨崖仏《まがいぶつ》をいったもの。

○仏《ほとけ》の浜　日立市小木津の大田尻海岸付近という。なお仏像は同地の観泉寺にあるものという。

○藻島《めしま》の駅家《うまや》　多珂郡十王町の旧櫛形村付近という。『和名抄』郷名部に「藻島」とある。なお、駅家は弘仁三（八一二）年に廃止された（『日本後紀』による）。

○東南の浜　十王町伊師の伊師浜、小貝浜付近かという。

〈解説〉

当郡は常陸《ひたち》国の最北に位置し、陸奥国と接するところにあった。そのため、東夷征討の際には、この地が最前線基地とされたようである。道前《みちのくち》、道後《みちのしり》ということばが示しているように、それは単に多珂《たか》郡の入口、果てを言うにとどまらず、東夷の国々を意識してのものであったに相違ない。

その道前とされた飽田《あきた》の村に彫造されたという観世音菩薩《かんぜおんぼさつ》像には、特別な意味がこめられていたであろうことは、想像に難くない。いったい、現伝五ヵ国風土記中に、造仏記事、仏《ほとけ》についての記載があるのは、この条ただ一つであることも注意すべきである。いわば『風土記』は、〈カミ〉を以て語ることに終始している中で、ただ一つ〈ホトケ〉が登場しているのである。この造仏が何時《いつ》のことであるのか定かではないが、おそらくは大化以後、持統朝ごろではなかったろうか（志田諄一氏の説による。〈注〉参照）。

『続紀』には、和銅二年に突然蝦夷征討記事があらわれているが、すでにそれ以前の持統朝ごろから、蝦夷の不穏な動きがあり、その動きを鎮圧するに際して、当地に観音像が彫造されたのではあるまいか。確かに異例な〈ホトケ〉の記載は、右のような東夷征討というきわめて政治的色彩の濃い、国家的要請に基づいて登場してきたものであり、在地の〈カミ〉のように、在地の人々にとって親しみのある存在ではなかったであろうと思われる。「仏の浜」という地名を生みはしたが、蝦夷征討の度ごとに、その軍粮《ぐんろう》の調達・輸送に従事させられ、また下級兵士として軍役にも従わされた当国の農民たちにとっては、苛酷《かこく》な負担と苦しみしかなかったであろう。「仏の浜」という地名に彼らが親しみを覚えなかったとしても、それは当然のことであったと思われる。

今一つ、当郡のヤマトタケル記事については、他郡のそれとはやや異なり、民間に在《あ》った狩《かり》占《うら》伝承と思われる。東陲巡幸や橘《たちばな》皇后などの語句は存在しているが、話のモチーフは『記』『紀』に見られる海幸・山幸の話と類似している。海と山の獲物の多少によって占いをするという狩占は、おそらくは日本の各地にあったものであろう。それをヤマトタケルの話として定着させたところに、当国風土記のヤマトタケル、すなわち倭武《やまとたける》天皇に対する特別な意識を読み取るべきであろう。東夷平定が常に当国の政治的状況として在ったことと、ヤマトタケルの東征伝承とは、当国風土記では切っても切れぬ関係にあったに相違ない。

解説

(一)

「まえがき」でも触れた通り、『風土記《ふどき》』は本来解文《げぶみ》、つまり律令《りつりょう》制下における報告文書であった。『常陸国《ひたちのくに》風土記』は、その冒頭において、「常陸《ひたち》の国の司《つかさ》、解《げ》す」と明記している点で、最も要求に忠実であった文書であることを物語っている。また、その直後には、「古老《ふるおきな》の相伝ふる旧聞《ふること》を申《まを》す事」と記しており、この文書は、直接にはいわゆる『風土記』撰進の詔《みことのり》の要求第五項、「古老相伝ふる旧聞異事」を承《う》けて編述されたものであることも示している。この二つの記載は、当国風土記の在《あ》り方、すなわち過去の伝承に重きを置いた報告文書であることを明示している点で重要であるばかりではなく、こうした記載を持たない他国風土記に対しても、同様の文書であることを推定づけ証拠づける貴重なものであることを見逃がすわけには行かない。

(二)

ところで、現在に伝わる当国風土記最古といわれる写本は、菊池《きくち》成章《なりあきら》が延宝五（一六七七）

年に加賀前田家本から書写した旨《むね》の奥書を持つものであるが、すでにこの段階で、当国風土記が省略本となっており、編述当時のままに書写されてきたものではないことが知られる。現伝当国風土記では、総記と行方《なめかた》郡の記事末尾に「不レ略之《はぶかず》」、その他の郡記事には「已下略《はぶ》之《く》」「以下略之《はぶく》」「最前略之《さきをはぶく》」という注記がある。この他にも注記はないが省略されたと思われるところがあり、編述当時のままに伝えられたのは、総記と行方郡だけであるのは、まことに残念というより他ない。なお、当国風土記各郡冒頭に置かれた四至を示す地理記載によれば、当時白壁《しらかべ》・河内《こうち》二郡の存在したことは知られるが、この両郡の記事はまったくない。これは両郡記事が当初からなかったのではなく、省略本が作られた際に、郡ごと省略されたと考えられる。この注記は、おそらく省略本が作成された時点で付されたものであろうが、その時期が問題である。

　省略本発生の時期については、今日、鎌倉時代後期とする説が有力である（秋本吉郎「風土記の伝来」『風土記の研究』所収）。これは、当国風土記の逸文《いつぶん》と認められ、現伝当国風土記にない記事を所収している『万葉集註釈』『塵袋《ちりぶくろ》』『釈日本紀《しゃくにほんぎ》』などの諸書の成立から推定されたものである。が、これには異論もあり、志田諄一氏は、平安朝初期の延暦年間にはすでに省略本が発生していたとし、逸文に見える伝本とは系統を異にしているとされた（「常陸風土記の成立」『常陸風土記とその社会』所収）。秋本が、逸文の発生と省略本の発生とを同一レベルで考え、後世の諸書に見られる、対『風土記』観を軸としてこの問題解明にあたったのに対し、志田氏は当国風土記記事の在り方、とりわけ省略の際に残された記事に着目し、その残された記事内容が、主として神々（神社）に関するものと、倭武《やまとたける》天皇に関するものであり、省略されなかった行方《なめかた》郡の記事は、ほぼこの二つの内容のみから成り立っていることを確認した上で、この二つの記事内容の背後に蝦夷《えぞ》討伐という政治的状況が考えられるとし、この史的状況を踏まえ、延暦年間の諸社の官社登録の際の仕業であったろうと推定されたのである。

両氏のまったく異なった観点からの考察の結果が、省略本発生の時期について、およそ五百年もの食い違いを見せており、現時点ではそのいずれかを正しいと断じるわけには行かないのであるが、省略本発生の問題はさておいても、志田氏の指摘された、当国風土記の記事内容が、中央における蝦夷討伐事業とかなり密接なかかわりを持っていたであろうことは、当国風土記を考える上で重要な点であろう。

㈢

次に当国風土記の成立時期を検討しておきたい。今日定説とされているのは、霊亀《れいき》元（七一五）年以後養老二（七一八）年以前とするもので、『風土記』撰進の詔が出されてまもなく成ったものという説である。その根拠は、㈠行政区画名としての「サト」にほぼ「里」字が用いられていること。㈡石城《いわき》国（郡）が陸奥国の所領地と記されていること（多珂《たか》郡総記）

の二点に尽きる。(二)の石城国のことは、本書多珂郡の〈注〉の項でも述べた通り、『続日本紀《しょくにほんぎ》』養老二年の条の石城国新置記事によって裏付けられている。(一)の「里」字使用の点は、『出雲国《いづものくに》風土記』に「霊亀元年の式《しき》に依《よ》りて、里《さと》を改めて郷《さと》と為《な》せり」とあるのに拠っている。

しかしながら、この二点の根拠には問題が多い。(一)の「里」字使用については、改字の式が史実であったとしても、現実には和銅年間から養老年間にかけての十数年間には、「里」「郷」両字の混用が見られ(正倉院文書《もんじょ》の戸籍など)、当国風土記中にも、漢文修辞とは思われない「郷」字使用例のあること(行方《なめかた》郡当麻《たぎま》郷・久慈《くじ》郡太田郷)などを思えば、これが成立年代決定の絶対的根拠とはならなくなる。また(二)の石城《いわき》国新置の点については、養老二年当時は確かに石城国が存在したが、それからまもなく養老五(七二一)年ごろには石城国は陸奥国に再統合されたらしく(高橋富雄氏『蝦夷』など)、だとすれば、当国風土記の成立は、この再統合以降という見方も成り立ち得るのである。以上のような問題点のあることから、その成立時期については、いまだ断定できないと考えるべきであろう。なおこの問題は、当国風土記編述者の問題ともかかわっているので、その項において、改めて触れることとする。

(四)

当国風土記の編述者の問題も、従来から諸説があって、今日なお論議すべき点が多いようである。既述の通り、『風土記』は本来解文《げぶみ》であり、「畿内《きない》七道諸国」あてに詔が出されているのであるから、少なくとも形式上は、各国国司であったと言える。が、実際に文案を起草したのが、はたして国司自身であったのか、その配下の律令官人《りつりょうかんじん》であったのかは決し難いのが実状である。

ところで、当国風土記は、他国の風土記と比較してみる時、その文辞・表現が漢文臭を帯びていることは明らかであり、四六駢儷《しろくべんれい》体の美文を随所に見せている他、平板な表現とならぬよう、避板《ひばん》法、つまり同一字句の重複使用を避ける技法も駆使されている（行方郡の伊多《いた》久《く》の郷、布都奈《ふつな》の村、安伐《やすきり》の里、吉前《えさき》の邑などは、その典例である）。こうした文飾修辞は相当高度の漢文的素養を要するところから、当時第一級の文人であり、常陸国司の任にもあった藤原宇合《ふじわらのうまかい》の名が挙げられてきたのは、むしろ当然のことと言えよう（はやく菅政友《すがまさとも》の指摘にはじまり、今日大半の注釈・解説書が宇合編述説を採っている）。と同時に、宇合と個人的にも親交があり、『万葉集』に常陸国を含む東国地方の伝説歌を数多く残しており、宇合が常陸国司当時、同じく常陸国に在《あ》ったと考えられる万葉歌人高橋虫麿《たかはしのむしまろ》を、直接の筆録編述者とする説もある（佐々木信綱氏『和歌史の研究』など）。

これら宇合・虫麿編述説に対し、当国風土記の成立を遅くも養老二年以前とする説を採るならば、養老三年七月に常陸国司となった（『続日本紀』による）宇合は編述に関係していないはずであるということになる。そこで、『風土記』撰進の詔以降養老二年までの間に当国の国司であった阿倍狛朝臣秋麻呂《あべのこまのあそんあきまろ》、石川朝臣難波麻呂《いしかわのあそんなにわまろ》の二人のうちいずれかであると考える説も成り立つようではある。秋本吉郎は、この事情を汲んで、石川朝臣難波麻呂の時代に一応当国風土記は筆録されていたが、その後宇合《うまかい》および虫麿《むしまろ》によって文飾が施されて編述が完了した、と考えた（日本古典文学大系『風土記』解説など）。

　しかしながら、当国風土記の成立が養老二年以前であるという絶対的根拠はなく、成立年代の下限がほぼ養老末年（七二三年）ごろであり、宇合は養老末年まで常陸国司であったことを思えば、当初より宇合の編述と考えて問題はない。なお宇合の漢文素養の深さは『懐風《かいふう》藻《そう》』に収められた六篇の詩からも十分にうかがえるところであり、国司として形式的に編述に加わったのではなく、自ら筆を執って筆録編述にあたったと考えておきたい。また、虫麿の存在を過大評価するのは問題があり、秋本の説くように、記事採録者程度の位置にあったと見ておくのが無難であろう。さらに、宇合にとって、常陸国はその祖中臣鎌足と縁の深い土地であったことが、よりいっそう『風土記』編述に対して熱意を持ち得た一要因であったであろうことも付言しておきたい。以上のように宇合編述説が正しいとするならば、逆に当国風土記の成立は養老末年までと決定されるであろう。ということは、場合によっては、養老四（七二〇）年に撰上された『日本書紀』よりも後の成立ということも考えねばならなくなる。

(五)

最後に当国風土記記事の内容について一二の例を挙げ、この書の価値について述べておきたい。

まず注目すべきは、歌謡を記載していることであろう。一般に風土記歌謡と呼ばれているものは、逸文をも含めてほぼ二十首ほどであるが、そのうち当国風土記は九例（筑波郡の漢文表現のものを加えれば十例）を数え、全体の約半分を占めている。このことは筆録者の側《がわ》の関心と理解することもできるが、それにもまして重要なのは、常陸という東国の一地方において、実際に歌われていたものであること、歌われた時や場が比較的明確であること、の二点であろう。古代歌謡、とりわけ古代の集団歌謡というものを考える時、『記』『紀』歌謡は一般的には古いであろうとは考えられるが、その時期は明確ではなく、またその多くが物語歌として記載されているために、本来の歌の場や時が明らかではないことが多い。また『万葉集』に収められた東歌《あずまうた》も、一般的には東国民謡と考えて差し支えなかろうが、個々の歌々をとり出してみた時、それが民謡であるか否かを決定するのは容易なことではない。第一、その東歌全部が短歌形式に統一されているのも、民謡という観点からいえば不自然である。

こうした事情を思えば、当国風土記所収の歌謡が古代歌謡研究に対して持つ価値は、きわめて大きいと言わざるを得ない。実際、歌垣《うたがき》の行事の有様をもっともよく伝えているのは当国風土記であり、古代歌謡に伴うさまざまな習俗・社会を知るうえにも大きな役割を果たし得るであろう。

　次に挙げられるのは、いわゆる蝦夷、また蝦夷討伐記事の多さである。常陸国の置かれていた地理的環境から考えて、こうした傾向はむしろ当然であるとも言えようが、問題はそれら蝦夷の描かれ方であり、討伐のされ方にある。当国風土記において「荒《あら》ぶる賊《にしもの》」（新治郡）、「国巣《くず》」（茨城郡）、「佐伯」（茨城郡など）、「凶猾《にしもの》」（行方郡）などと書かれた蝦夷は、いずれも穴居生活を営なむ異形・異俗の人として描出されているのであるが、それらのすべてが「賊」、つまり討伐しなければならぬ敵として表わされているのであり、同化させようともしていなかったことは注意してよい。説話的な誇張があるにしても、東夷の凶賊を策略によって皆殺しにした建借間《たけかしまの》命の行為（行方郡）は、そうした蝦夷に対する意識を如実に物語っているといえよう。蝦夷討伐にあたった者としては、黒坂《くろさかの》命（茨城郡）や建借間命のように、当国の直接の支配者である国造《くにのみやつこ》の祖が比較的多いのであるが、彼らが討伐を正当化するのに、蝦夷に対し「化《おもむけ》に背《そむ》きて、甚《いた》く粛敬《みや》なかりき」（行方郡）としている点は重要である。

　すなわち、彼らの蝦夷討伐は、天皇の権威による〈おもむけ〉という大義名分によってなされていたのであり、この天皇の教化に従わぬ者は、討伐されねばならぬという論理が、明確に打ち出されているのである。当国におけるヤマトタケル＝倭武天皇がどのようにして当国に持ち込まれたのかはなお疑問の点が多いが、少なくとも、当国風土記に描かれたヤマトタケルは、こうした天皇の権威による〈おもむけ〉をもっとも直接的に果たす（果たし得る）人物であったことは認められると思う。蝦夷、また蝦夷討伐の記事は、当国の社会・歴史を知るうえに、またとない資料であるといってよい。

さらに、当国風土記の文章表現の在り方も、当時の知識人の漢文素養の程度、文学に対する意識などを知るうえで、貴重なものであることも忘れられない点である。

総じて奈良朝以前の文学資料が、都城のあった畿内に集中している中で、畿内からは遠く隔った東国常陸の有様を伝えている『常陸国風土記』は、右の他にも実にさまざまな方面で貴重な資料となることだけは間違いない。

常陸国風土記地図

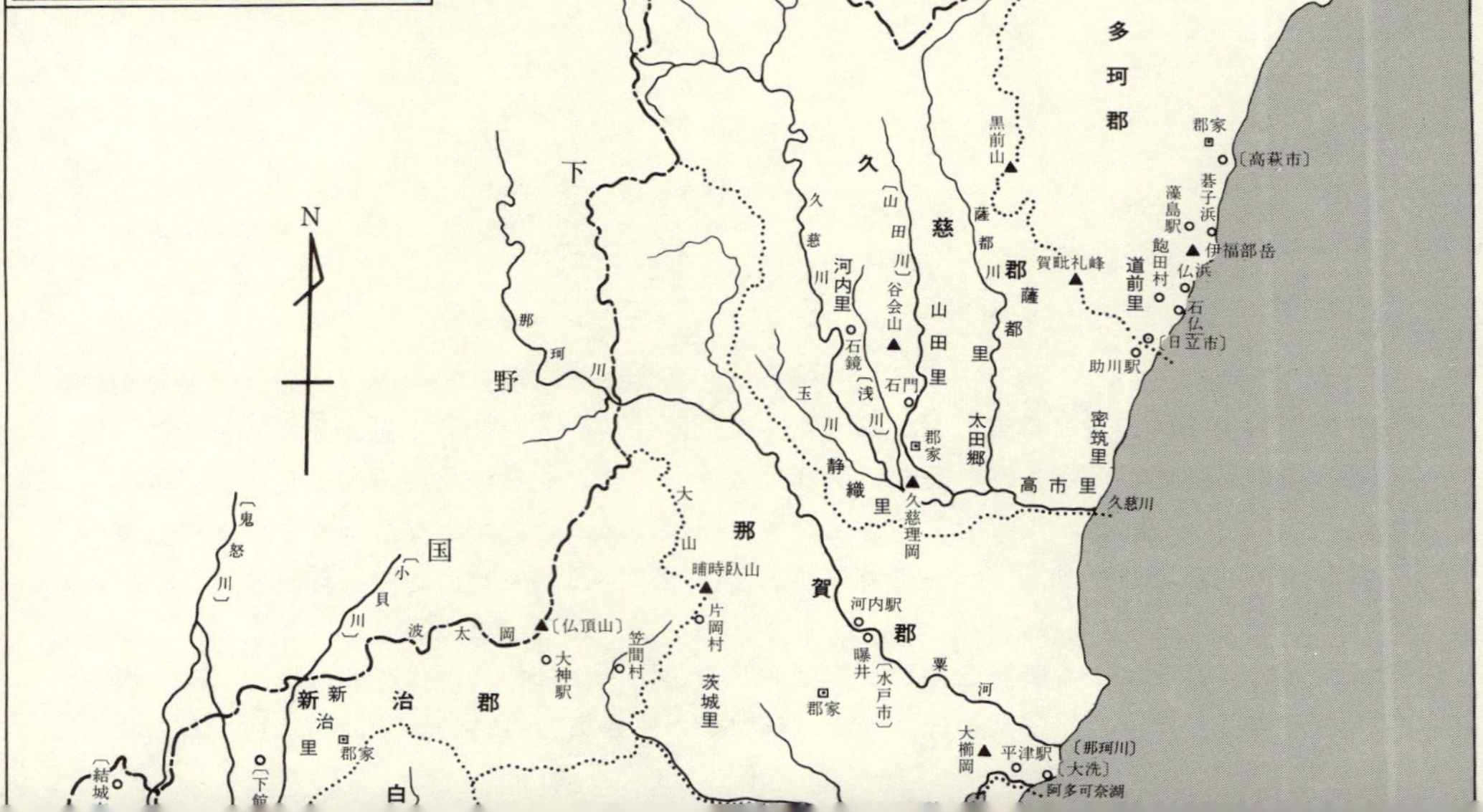

N
陸奥国
多珂郡
郡家
〔高萩市〕
碁子浜
藻島駅
伊福部岳
飽田村
仏浜
石仏
道前里
賀毘礼峰
黒前山
〔日立市〕
助川駅
密筑里
久慈郡
薩都川
薩都里
〔山田川〕
山田里
谷会山
河内里
石鏡
〔浅川〕
石門
郡家
太田郷
高市里
久慈川
久慈川
玉川
静織里
久慈理岡
下野国
那珂川
那賀郡
大山
晡時臥山
片岡村
河内駅
曝井
〔水戸市〕
栗河
郡家
茨城里
笠間村
大神駅
〔仏頂山〕
波太岡
小貝川
〔鬼怒川〕
新治郡
新治里
郡家
〔下館〕
〔結城〕
白
大櫛岡
平津駅
〔那珂川〕
〔大洗〕
阿多可奈湖

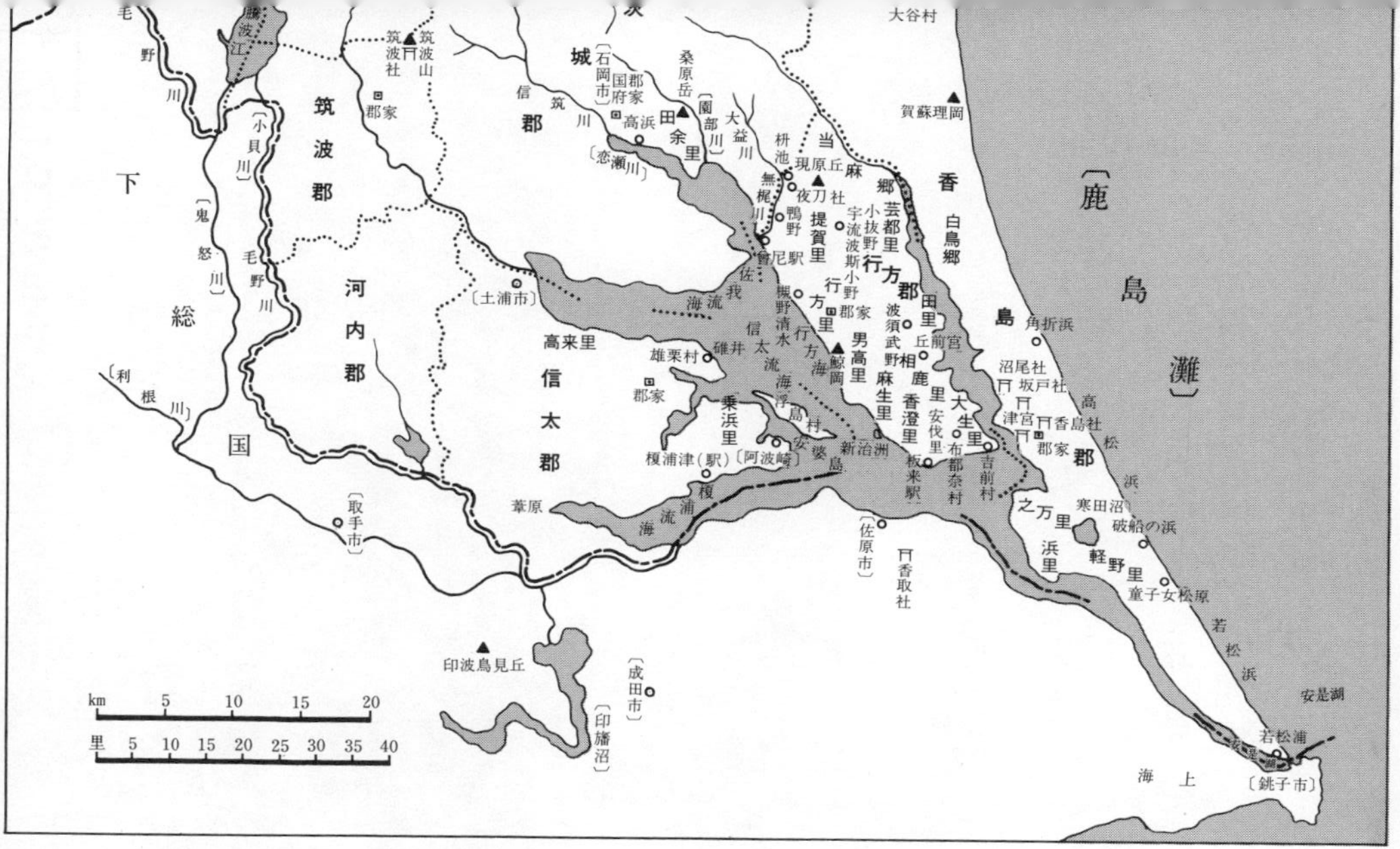

鹿島灘
下総国
筑波郡
河内郡
信太郡
茨城郡
行方郡
香島郡
筑波山
筑波社
郡家
石岡市
国府家
高浜
田余里
桑原岳
園部川
大益川
恋瀬川
信筑川
小貝川
鬼怒川
毛野川
利根川
土浦市
高来里
雄栗村
碓井
乗浜里
榎浦津（駅）
阿波崎
安婆島
浮島村
信太流海
佐我流海
榎浦流海
行方海
葦原
取手市
佐原市
香取社
成田市
印旛沼
印波鳥見丘
枡池
現原丘
夜刀社
無梶川
鴨野
曾尼駅
提賀里
麻生里
芸都里
当麻郷
小抜野
宇流波斯小野
提野
清水
行方里
鯨岡
男高里
波須武野
相鹿里
香澄里
田里
丘前宮
大生里
安伐里
布都奈村
板来駅
吉前村
新治洲
白鳥郷
賀蘇理岡
大谷村
角折浜
沼尾社
坂戸社
津宮
香島社
高松浜
寒田沼
破船の浜
之万里
浜里
軽野里
童子女松原
若松浜
安是湖
若松浦
銚子市
海上
km 5 10 15 20
里 5 10 15 20 25 30 35 40

KODANSHA

秋本吉徳（あきもと　よしのり）

1947年奈良県生まれ。1977年東京大学大学院博士課程単位修了。日本古代文学専攻。現在清泉女子大学教授。著書に『古語拾遺・高橋氏文』（共著），おもな論文に「地名起源説話の特質」「風土記の神話」などがある。2022年没。

講談社学術文庫

定価はカバーに表示してあります。

常陸国《ひたちのくに》風土記《ふどき》

秋本吉徳《あきもとよしのり》

2001年10月10日　第1刷発行
2025年2月12日　第20刷発行

発行者　篠木和久
発行所　株式会社講談社
東京都文京区音羽2-12-21 〒112-8001
電話　編集（03）5395-3512
販売（03）5395-5817
業務（03）5395-3615
装　幀　蟹江征治
印　刷　株式会社広済堂ネクスト
製　本　株式会社国宝社

© Saho Akimoto　2001　Printed in Japan

落丁本・乱丁本は，購入書店名を明記のうえ，小社業務宛にお送りください。送料小社負担にてお取替えします。なお，この本についてのお問い合わせは「学術文庫」宛にお願いいたします。
本書のコピー，スキャン，デジタル化等の無断複製は著作権法上での例外を除き禁じられています。本書を代行業者等の第三者に依頼してスキャンやデジタル化することはたとえ個人や家庭内の利用でも著作権法違反です。

ISBN4-06-159518-0

「講談社学術文庫」の刊行に当たって

これは、学術をポケットに入れることをモットーとして生まれた文庫である。学術は少年の心を養い、成年の心を満たす。その学術がポケットにはいる形で、万人のものになることは、生涯教育をうたう現代の理想である。

こうした考え方は、学術を巨大な城のように見る世間の常識に反するかもしれない。また、一部の人たちからは、学術の権威をおとすものと非難されるかもしれない。しかし、それはいずれも学術の新しい在り方を解しないものといわざるをえない。

学術は、まず魔術への挑戦から始まった。やがて、いわゆる常識をつぎつぎに改めていった。学術の権威は、幾百年、幾千年にわたる、苦しい戦いの成果である。こうしてきずきあげられた城が、一見して近づきがたいものにうつるのは、そのためである。しかし、学術の権威を、その形の上だけで判断してはならない。その生成のあとをかえりみれば、その根は常に人々の生活の中にあった。学術が大きな力たりうるのはそのためであって、生活をはなれた学術は、どこにもない。

開かれた社会といわれる現代にとって、これはまったく自明である。生活と学術との間に、もし距離があるとすれば、何をおいてもこれを埋めねばならない。もしこの距離が形の上の迷信からきているとすれば、その迷信をうち破らねばならぬ。

学術文庫は、内外の迷信を打破し、学術のために新しい天地をひらく意図をもって生まれた。文庫という小さい形と、学術という壮大な城とが、完全に両立するためには、なおいくらかの時を必要とするであろう。しかし、学術をポケットにした社会が、人間の生活にとってより豊かな社会であることは、たしかである。そうした社会の実現のために、文庫の世界に新しいジャンルを加えることができれば幸いである。

一九七六年六月　　　野間省一

日本人論・日本文化論

日本文化論
梅原　猛著

〈力〉を原理とする西欧文明のゆきづまりに代わる新しい原理はなにか？〈慈悲〉と〈和〉の仏教精神こそが未来の世界文明を創造していく原理となるとして、仏教の見なおしの要を説く独創的な文化論。

22

比較文化論の試み
山本七平著

日本文化の再生はどうすれば可能か。それには自己の文化を相対化して再把握するしかないとする著者が、さまざまな具体例を通して、日本人のものの見方と伝統の特性を解明したユニークな比較文化論。

48

日本人とは何か
加藤周一著

現代日本の代表的知性が、一九六〇年前後に執筆した日本人論八篇を収録。伝統と近代化・天皇制・知識人を論じて、日本人とは何かを問い、精神的開国の要を説いて将来の行くべき方向を示唆する必読の書。

51

日本人の人生観
山本七平著

日本人は依然として、画一化された生涯をめざす傾向からぬけ出せないでいる。本書は、我々を無意識の内に拘束している日本人の伝統的な人生観を再把握し、新しい生き方への出発点を教示した注目の書。

278

乃木大将と日本人
S・ウォシュバン著／目黒真澄訳（解説・近藤啓吾）

著者ウォシュバンは乃木大将を Father Nogi と呼んだ。この若き異国従軍記者の眼に映じた大将の魅力は何か。本書は、大戦役のただ中に武人としてギリギリの理想主義を貫いた乃木の人間像を描いた名著。

455

ニッポン
B・タウト著／森　儁郎《としお》訳（解説・持田季未子）

憧れの日本で、著者は伊勢神宮や桂離宮に清純な美の極致を発見して感動する。他方、日光陽明門の華美を拒みその後の日本文化の評価に大きな影響を与えた。世界的な建築家タウトの手になる最初の日本印象記。

1005

日本人論・日本文化論

日本文化私観
B・タウト著／森　儁郎《としお》訳（解説・佐渡谷重信）
世界的建築家タウトが、鋭敏な芸術家的直観と秀徹した哲学的瞑想とにより、神道や絵画、彫刻や建築など日本の芸術と文化を考察し、真の日本文化の将来を説く。名著『ニッポン』に続くタウトの日本文化論。
1048

葉隠《はがくれ》　武士と「奉公」
小池喜明著
泰平の世における武士の存在を問い直した書。「葉隠」は武士の心得について、元佐賀鍋島藩士山本常朝の語りをまとめたもの。儒教思想を否定し、武士の奉公は主君への忠誠と献身の態度で尽くすことと主張した。
1386

ビゴーが見た日本人　諷刺画に描かれた明治
清水　勲著
在留フランス人画家が描く百年前の日本の姿。文明開化の嵐の中で、急激に変わりゆく社会を戸惑いつつもたくましく生きた明治の人々。愛着と諷刺をこめてビゴーが描いた百点の作品から〈日本人〉の本質を読む。
1499

果てしなく美しい日本
ドナルド・キーン著／足立　康訳
若き日の著者が瑞々しい感覚で描く日本の姿。緑あふれ、伝統の息づく日本に思いを寄せて描き出した昭和三十年代の日本。時代が大きく変化しても依然として変わらない日本文化の本質を見つめ、見事に剔り出す。
1562

菊と刀　日本文化の型
R・ベネディクト著／長谷川松治訳
菊の優美と刀の殺伐——。日本人の精神生活と文化を通し、その行動の根底にある独特な思考と気質を抉剔する、不朽の日本論。「恥の文化」を鋭く分析し、日本人とは何者なのかを鮮やかに描き出した古典的名著。
1708

ビゴーが見た明治ニッポン
清水　勲著
西欧文化の流入により急激に変化する社会、時代の波にもまれる人びとの生活を、フランス人画家ビゴーは愛情と諷刺を込めて赤裸々に描いた。百点の作品を通して、近代化する日本の活況を明らかにする。
1794

《講談社学術文庫　既刊より》

次田真幸全訳注

古事記（上）（中）（下）

本書の原典は、奈良時代初めに史書として成立した日本最古の古典である。これに現代語訳・解説等をつけ、素朴で明るい古代人の姿を平易に説き明かし、神話・伝説・文学・歴史への道案内をする。（全三巻）

207〜209

上坂《うえさか》信男全訳注

竹取物語

日本の物語文学の始祖として古来万人から深く愛された「かぐや姫」の物語。五人の貴公子の妻争いは風刺を盛った民俗調が豊かで、後世の説話・童話にも発展する。永遠に愛される素朴な小品である。

269

佐藤一斎著／川上正光全訳注

言志《げんし》四録《しろく》（一）〜（四）

江戸時代後期の林家の儒者、佐藤一斎の語録集。変革期における人間の生き方に関する問題意識で貫かれた本書は、今日なお、精神修養の糧として、また処世の心得として得難き書と言えよう。（全四巻）

274〜277

川口久雄全訳注

和漢朗詠集《わかんろうえいしゅう》

王朝貴族の間に広く愛唱された、白楽天・菅原道真の詩、紀貫之の和歌など、珠玉の歌謡集。詩歌管絃に秀でた藤原公任の感覚で選びぬかれた佳句秀歌は、自然の美をあまねく歌い、男女の愛怨の情をつづる。

325

中田祝夫《のりお》全訳注

日本霊異記《りょういき》（上）（中）（下）

日本霊異記は、南都薬師寺僧景戒の著で、日本最初の仏教説話集。雄略天皇（五世紀）から奈良末期までの説話百二十篇ほどを収めて延暦六年（七八七）に成立。奇怪譚・霊異譚に満ちている。（全三巻）

335〜337

阿部俊子全訳注

伊勢物語（上）（下）

平安朝女流文学の花開く以前、貴公子が誇り高く、颯爽と行動してひたむきな愛の遍歴をした。その人間悲哀の相を、華麗な歌の調べと絢い合わせ纒め上げた珠玉の歌物語のたまゆらの命を読み取ってほしい。

414・415

《講談社学術文庫　既刊より》

古典訳注

日本書紀（上）（下）全現代語訳
宇治谷《うじたに》　孟《つとむ》訳

厖大な量と難解さの故に、これまで全訳が見送られてきた日本書紀。二十年の歳月を傾けた訳者の努力により全現代語訳が文庫版で登場。歴史への興味を倍加させる、現代文で読む古代史ファン待望の力作。

833・834

続日本紀《しよくにほんぎ》（上）（中）（下）全現代語訳
宇治谷　孟訳

日本書紀に次ぐ勅撰史書の待望の全現代語訳。上巻は全四十巻のうち文武元年から天平十四年までの十四巻を収録。中巻は聖武・孝謙・淳仁天皇の時代を、巻三十からの下巻は称徳・光仁・桓武天皇の時代を収録した。

1030〜1032

今物語
三木紀人全訳注

埋もれた中世説話物語の傑作。全訳注を付す。和歌・連歌を話の主軸に据え、簡潔な和文で綴る。風流譚・遁世譚・恋愛譚・滑稽譚など豊かで魅力的な逸話を五十三編収載し、鳥羽院政期以降の貴族社会を活写する。

1348

出雲国風土記
荻原千鶴全訳注

現存する風土記のうち、唯一の完本。全訳注。古代出雲の土地の状況や人々の生活の様子はもとより、出雲の神の国引きや支佐加比売命の暗黒の岩窟での出産などの神話も詳細に語られる。興趣あふれる貴重な書。

1382

枕草子（上）（中）（下）
上坂信男・神作光一全訳注

「春は曙」に始まる名作古典『枕草子』。自然と人生に対する鋭い観察眼、そして愛着と批判。筆者・清少納言の独自の感性と文才とが結実した王朝文学を代表する名随筆に、詳細な語釈と丁寧な余説、現代語を施す。

1402〜1404

杉田玄白蘭学事始
片桐一男全訳注

一八一五年杉田玄白が蘭学発展を回顧した書。『解体新書』翻訳の苦心談を中心に、蘭学の揺籃期から隆盛期までを時代の様々な様相を書き込みつつ回想したもの。日蘭交流四百年記念の書。長崎家本を用いた新訳。

1413

《講談社学術文庫　既刊より》

日本の古典

西行物語
桑原博史全訳注

歌人西行の生涯を記した伝記物語。友人の急死を機に、妻娘との恩愛を断ち二十五歳で敢然出家した武士藤原義清の後半生は数奇と道心一途である。「願はくは花の下にて春死なむ」ほかの秀歌群が行間を彩る。

497

啓発録《けいはつろく》 付 書簡・意見書・漢詩
橋本左内《さない》著／伴 五十嗣郎全訳注

明治維新史を彩る橋本左内が、若くして著した『啓発録』は、自己規範・自己鞭撻の書であり、彼の思想や行動の根幹を成す。書簡・意見書は、世界の中の日本を自覚した気宇壮大な思想表白の雄篇である。

568

養生訓《ようじょうくん》 全現代語訳
貝原益軒著／伊藤友信訳

大儒益軒は八十三歳でまだ一本も歯が脱けていなかった。その全体験から、庶民のために日常の健康、飲食飲酒色欲洗浴用薬幼育養老鍼灸など、四百七十項に分けて、嚙んで含めるように述べた養生の百科である。

577

百人一首
有吉 保全訳注

わが国の古典中、古来最も広く親しまれた作品百首に明快な訳注と深い鑑賞の手引を施す。一首一首の背景にある出典、詠歌の場や状況、作者の心情にふれ、さらに現存最古の諸古注を示した特色ある力作。

614

五輪書
宮本武蔵著／鎌田茂雄全訳注

一切の甘えを切り捨て、ひたすら剣に生きた二天一流の達人宮本武蔵。彼の遺した『五輪書』は、時代を超えて我々に真の生き方を教える。絶対不敗の武芸者武蔵の兵法の奥儀と人生観を原文をもとに平易に解説。

735

とはずがたり（上）（下）
次田香澄全訳注

後深草院の異常な寵愛をうけた作者は十四歳にして男女の道を体験。以来複数の男性との愛欲遍歴を中心に、宮廷内男女の異様な関係を生々しく綴る個性的な手記。鎌倉時代の宮廷内の愛欲を描いた異彩な古典。

795・796

《講談社学術文庫　既刊より》

日本の古典

松尾芭蕉著／ドナルド・キーン訳
英文収録 **おくのほそ道**

元禄二年、曾良を伴い奥羽・北陸の歌枕を訪い綴った文学史上に輝く傑作。磨き抜かれた文章、鏤められた数々の名句、わび・さび・かるみの心を、いかに英語にうつせるか。名手キーン氏の訳で芭蕉の名作を読む。

1814

白石良夫全訳注
本居宣長「うひ山ぶみ」

「漢意《からごころ》」を排し「やまとたましい」を堅持して、真実の「いにしえの道」へと至る。古学の扱う範囲や目的と研究方法、学ぶ者の心構え、近世古学の歴史的意味等、国学の偉人が弟子に教えた学問の要諦とは？

1943

倉本一宏訳
藤原道長「御堂関白記」（上）（中）（下）全現代語訳

摂関政治の最盛期を築いた道長。豪放磊落な筆致と独自の文体で描かれる宮廷政治と日常生活。平安貴族が活動した世界とはどのようなものだったのか。自筆本・古写本・新写本などからの初めての現代語訳。

1947〜1949

糸賀きみ江全訳注
建礼門院右京大夫集

建礼門院徳子の女房として平家一門の栄華と崩壊を目の当たりにした女性・右京大夫が歌に託した涙の追憶。『平家物語』の叙事詩的世界を叙情詩で描き出した日記的家集の名品を情趣豊かな訳と注解で味わう。

1967

森田 悌訳
続日本後紀（上）（下）全現代語訳

『日本後紀』に続く正史「六国史」第四。仁明天皇の即位（八三三年）から崩御（八五〇年）まで、平安初期王朝社会における華やかな国風文化や摂関政治の発達を解明するための重要史料、初の現代語訳。原文も付載。

2014・2015

市村 宏全訳注
風姿花伝 全訳注

「幽玄」「物学（物真似）」「花」など、能楽の神髄を語り、美を理論化した日本文化史における不朽の能楽書を、精緻な校訂を施した原文、詳細な語釈と平易な現代語訳で読解。世阿弥能楽論の逸品『花鏡』を併録。

2072

《講談社学術文庫　既刊より》

文学・芸術

小泉八雲著／平川祐弘編
日本の心
障子に映る木影、小さな虫、神仏に通じる参道――名もない庶民の生活の中に、八雲は「無」や「空」の豊かな美しさを見た。異国の詩人が見事に描いた古き良き日本。八雲文学の中心に位置する名編。

938

小泉八雲著／平川祐弘編
明治日本の面影
美しい風土、様々な人との出会い。八雲は日本各地を旅し、激しい近代化の波の中で失われつつある明治日本の気骨と抒情を、愛惜の念をこめてエッセーに綴った。懐かしい明治日本によせた八雲の真情を読む。

943

小泉八雲著／平川祐弘編
神々の国の首都
出雲の松江という「神々の国の首都」での見聞を八雲は新鮮な驚きにみちた眼で把えた。明治二十年代の一地方都市とその周辺の風物、人々の姿を鮮やかに描いた名著。みずみずしい感動に溢れた八雲の日本印象記。

948

吉田秀和著（解説・川村二郎）
モーツァルト
わが国の音楽批評の先導者・吉田秀和の出発点にはベートーヴェンでもバッハでもなくモーツァルトの音楽があった。楽曲の細部に即して語りつつ稀有の天才の全体像を構築した、陰影に富むモーツァルト論集。

949

目加田　誠著
詩経《しきょう》
中国古代民衆の心情を伝える美しい古典詩集。遥か遠い殷の世から紀元前五、六世紀の春秋時代までに詠われた詩を現代語に訳し解説。中国文学研究の最高権威が精魂こめて著した『詩経』研究の決定版。

953

H・D・ソロー著／佐渡谷重信訳
森の生活　ウォールデン
コンコードの村はずれのウォールデン池のほとりに、ソローは自ら建てた小屋で労働と自然観察と思索の生活を送りながら、自然に生きる精神生活のすばらしさを説く。物質文明への警鐘、現代人必読の古典的名著。

961

田中仙樵著（解説・田中仙堂）
茶道《ちゃどう》改良論
明治三一年に大日本茶道学会を創設した著者は、衰退した茶道を復興するために秘伝開放を主張し、奥義の実践普及に努めた。今も大きな影響力を保つその茶道観を語った厖大な著述から、主要論文を精選した論集。
1036

小西甚一著（解説・ドナルド・キーン）
日本文学史
洗練された高い完成を目指す「雅」、荒々しく新奇な魅力に富んだ「俗」。雅・俗交代の視座から日本文学の歴史を通観する独創的な遠近法が名高い幻の名著の復刊。大佛賞『日本文藝史』の原形をなす先駆的名著。
1090

T・G・ゲオルギアーデス著／木村　敏訳
音楽と言語
音楽も言語も共同体の精神が産み出した文化的所産である。ミサ音楽を中心に、両者の根源的な結びつきと対決の歴史現象の根底にある問題を追究した音楽史の名著。ミサの作曲に示される西洋音楽のあゆみ。
1108

岡倉天心著／桶谷秀昭訳
英文収録茶の本
ひたすらな瞑想により最高の自己実現をみる茶道。西洋文明に対する警鐘をこめて天心が綴った茶の文化への想いを、精魂こめた訳文によって復刻。東西の文明観を超えた日本茶道の神髄を読む。原著英文も収録。
1138

小西甚一著（解説・平井照敏）
俳句の世界　発生から現代まで
俳諧連歌の第一句である発句と、子規の革新以後の俳句を同列に論じることはできない。文学史の流れを見すえた鋭い批評眼で、俳句鑑賞に新機軸を拓いた不朽の書。俳句史はこの一冊で十分、と絶讃された名著。
1159

田中仙翁著
茶道《ちゃどう》の美学　茶の心とかたち
現代の茶人が説く流儀と作法を超えた茶の心。先人によって培われた茶道の妙境には、日本独自の美意識と精神性がこめられている。茶道の歴史的変遷と、茶室における所作の美を解説。現代人のための茶道入門。
1221

《講談社学術文庫　既刊より》

文学・芸術

井上章一著

つくられた桂離宮神話

神格化された桂離宮論の虚妄を明かす力作。タウトに始まる〈日本美の象徴〉としての桂離宮神話。それが実は周到に仕組まれた虚構であったことを社会史の手法で実証した、サントリー学芸賞受賞の画期的論考。

1264

高島俊男著

李白と杜甫

飄逸と沈鬱――李・杜の全く異なる詩の境地。同時代を生き、同様に漂泊の人生を送った李白と杜甫。二人の生涯の折々の詩を味読し、詩形別に両者の作品を比較考察。李白と杜甫の詩を現代語訳で味わう試みの書。

1291

アンナ・マグダレーナ・バッハ著／山下　肇訳

バッハの思い出

名曲の背後に隠れた人間バッハを描く回想録。比類なき音楽家バッハの生涯は、芸術と生活の完全なハーモニーであった。バッハ最良の伴侶の目を通して愛情深くつづった、バッハ音楽への理解を深める卓越の書。

1297

角田《つのだ》文衞《ぶんえい》著（解説・瀬戸内寂聴）

平安の春

平安の都を彩なす人間模様を巧みに描き出す。紫式部と清少納言の比較、藤原師輔の真実の姿、専制君主白河法皇の悪評の根元などを達意の文章で見せる名エッセイ。縺れた人間関係を様々な文献によってとき解す。

1360

柳　宗悦著（解説・戸田勝久）

茶と美

民芸研究の眼でとらえた茶道と茶器への想い。茶器の美とは何か。「庶民が日々用いた粗末な食器が茶人の眼によって茶器となる。美の作為を企てて名器とはなり得ない」美の本質を追求した筆者の辛口名エッセイ。

1453

ドナルド・キーン著／吉田健一・松宮史朗訳

能・文楽・歌舞伎

日本の伝統芸能の歴史と魅力をあまさず語る。少年期より演劇の擒になって以来、七十年。日本人以上に日本文化に通暁する著者が、能・文楽・歌舞伎について、そのすばらしさと醍醐味とを存分に語る待望の書。

1485

《講談社学術文庫　既刊より》

文学・芸術

工藝の道
柳　宗悦著（解説・水尾比呂志）

工芸の美を発見し、評価した記念碑的論文集。民芸研究家柳宗悦が宗教学者から転じ、工芸の美を世に知らしめた最初の著述。それまで顧みられなかった工芸に作為のない健康の美、本物の美があることを論じる。

1724

太平記〈よみ〉の可能性　歴史という物語
兵藤裕己著（解説・川田順造）

忠臣と異形の者。楠正成が見せる異なる相貌。太平記よみの語りによって既存の神話やイデオロギーは掘り崩されてゆく。物語として共有される歴史が新たな現実を紡ぐダイナミズムを解明する戦記物語研究の傑作。

1726

バロック音楽
皆川達夫著

音楽ファンを魅了する名曲の数々。オペラやカンタータ、ソナタやコンチェルト。多種多様で実り豊かな音楽の花園、バロック音楽とはどのような音楽なのか。その特徴と魅力をあまさず綴る古楽への案内書。

1752

民藝とは何か
柳　宗悦著

大文字版

本当の美は日用品のなかにこそ宿る。昭和初頭に創始された民藝運動。美術工芸品ではなく、日用雑器の美を追求した柳宗悦。彼はなぜこの思想にめざめ、何をめざしたのか？　民藝論への格好の入門書。

1779

みちの辺の花
杉本秀太郎文／安野光雅絵

カラー版

日本の四季のうつろいを彩る花々。みちの辺でふと出会う野の花、山の花。季ごとに届けられた花を詩情豊かに描き、また、愛する花へのあふれる思いを綿々と綴る。身近で秘やかに咲く花への恋情こもる画文集。

1782

バロック音楽名曲鑑賞事典
礒山《いそやま》　雅《ただし》著

心の深奥を震わす宗教音楽、古楽器が多彩に歌う協奏曲、宮廷を彩る典雅な調べ、誕生したてのオペラ。カッチーニ、モンテヴェルディからヘンデル、バッハまで、西洋音楽史の第一人者が厳選した名曲百曲の魅力。

1805

《講談社学術文庫　既刊より》

歴史・地理

若槻禮次郎《わかつきれいじろう》著（解説・伊藤　隆）
明治・大正・昭和政界秘史　古風庵回顧録
日本の議会政治隆盛期に、二度にわたり内閣総理大臣を務めた元宰相が語る回顧録。明治から昭和激動期まで中央政界にあった若槻が、親しかった政治家との交流や様々な抗争を冷徹な眼識で描く政界秘史。
619

和田英松著（校訂・所　功）
新訂**官職要解**《かんしょくようかい》
平安時代を中心に上代から中近世に至る我が国全官職の官名・職掌を漢籍や有職書によって説明するだけでなく、当時の日記・古文書・物語・和歌を縦横に駆使してその実態を具体的に例証した不朽の名著。
621

福沢諭吉著（解説・小泉　仰）
明治十年丁丑《ていちゅう》**公論・瘠**《やせ》**我慢**《がまん》**の説**
西南戦争勃発後、逆賊扱いの西郷隆盛を弁護した「丁丑公論」、及び明治維新における勝海舟、榎本武揚の挙措と出処進退を批判した「瘠我慢の説」他を収録。諭吉の抵抗と自由独立の精神を知る上に不可欠の書。
675

金達寿《キムタルス》著
日本古代史と朝鮮
地名・古墳など日本各地に現存する朝鮮遺跡や、記紀に見られる高句麗・百済・新羅系渡来人の足跡等を通して、密接な関係にあった日本と朝鮮の実像を探る。豊富な資料を駆使して描いた古代日朝関係史。
702

金達寿著
古代朝鮮と日本文化　神々のふるさと
高麗神社、百済神社、新羅神社など、日本各地に散在する神々は古代朝鮮と密接な関係があった。神社・神宮に関する文献や地名などを手がかりにその由来をたどり、古代朝鮮と日本との関わりを探る古代史への旅。
754

朝河貫一《あさかわかんいち》著（解説・由良君美）
日本の禍機《かき》
世界に孤立して国運を誤るなかれ——日露戦争後の祖国日本の動きを憂え、遠く米国からエール大学教授の朝河貫一が訴えかける。日米の迫間で日本への批判と進言を続けた朝河の熱い思いが人の心に迫る名著。
784

日本の歴史・地理

貝塚爽平著
富士山の自然史
三つのプレートが出会う場所に、日本一の名峰は、そびえ立っている。日本・東京の地形の成り立ちと風景と足下に隠された自然史の読み方を平易に解説する。ロングセラー『東京の自然史』の入門・姉妹編登場。

2212

橋本一夫著
幻の東京オリンピック　１９４０年大会 招致から返上まで
関東大震災からの復興をアピールし、ヒトラーやムソリーニとの取引で招致に成功しながら、日中戦争勃発で返上を余儀なくされた一九四〇年の東京オリンピック。戦争と政治に翻弄された人々の苦闘と悲劇を描く。

2213

五味文彦著
鎌倉と京　武家政権と庶民世界
中世とは地方武士と都市庶民の時代だった。武家政権の誕生前夜から鎌倉幕府の終焉にかけての、生活の場とその場での営為を通して、自我がめざめた「個」の時代の相貌を探究。中世日本の実像が鮮やかに甦る。

2214

家近良樹著
江戸幕府崩壊　孝明天皇と「一会桑」
薩長を中心とする反幕府勢力が武力で倒幕を果たしたという常識は本当か。王政復古というクーデタ方式が採られた理由とは？　孝明天皇、一橋、会津、桑名藩という知られざる主役に光を当てた画期的な幕末史！

2221

宮脇俊三著
全線開通版　線路のない時刻表
完成間近になって建設中止となった幻のローカル新線。その沿線を辿る紀行と、著者作成による架空の時刻表を収録した。第三セクターによる開業後の実乗記を加えた、全線開通版。付録として、著者の年譜も収録。

2225

宮尾しげを著
すし物語
大陸から伝来した馴れ鮓は押しずしを経て、江戸期に一夜ずし、にぎりずしとなる。すしの歴史から江戸・明治の名店案内、米・魚・のりなどの材料の蘊蓄、全国各地のすし文化まで、江戸文化研究家が案内する。

2234